Venetz
Von Klugen und Dummen

W0097422

Hermann-Josef Venetz

Von Klugen und Dummen, Waghalsigen und Feigen und von einem beispielhaften Gauner

Gleichnisse Jesu für heute

Patmos Verlag Düsseldorf

Die Deutsche Bibliothek – CIP-Einheitsaufnahme

Venetz, Hermann-Josef:
Von Klugen und Dummen, Waghalsigen und Feigen
und von einem beispielhaften Gauner :
Gleichnisse Jesu für heute / Hermann-Josef Venetz. – 2. Aufl.
Düsseldorf : Patmos-Verl., 1992
ISBN 3-491-72248-9

Umschlaggestaltung: Peter J. Kahrl, Neustadt/Wied
Umschlagabbildung: Matthias Kunkler (Düsseldorf): O.T.
Gesamtherstellung: Bercker Graph. Betrieb GmbH, Kevelaer
3-491-72248-9

INHALT

5

VORWORT

Die Zahl der wissenschaftlichen Publikationen, die zu den Gleichnissen Jesu jährlich erscheinen, ist beträchtlich. Sie sind in vielfacher Hinsicht hochinteressant: Sie enthalten neue Untersuchungen zur Geschichte und zum Gebrauch der einzelnen Bilder und Motive; sie informieren über die sozialen und politischen Gegebenheiten der damaligen Zeit; sie beschäftigen sich mit dem Sprachlichen und dem Ereignishaften der Gleichnisse; sie vergleichen die verschiedenen Gleichnistheorien miteinander und fügen selber neue hinzu; sie fragen nach dem typisch Jesuanischen der Gleichnisse und machen entsprechend auf die Gleichnisse bei den jüdischen Gelehrten aufmerksam; sie überlegen sich neue Methoden zur sachgerechten Gleichnislektüre; sie geben einen Überblick über die verschiedenen Tendenzen der Gleichnisforschung usw. usf.

Den Verfasserinnen und Verfassern dieser fast unzähligen wissenschaftlichen Studien zu den Gleichnissen haben wir enorm viel zu verdanken. Leser und Leserinnen vom Fach werden auch beim vorliegenden Büchlein feststellen, wie stark es von der Gleichnisforschung der letzten fünfzig Jahre angeregt ist.

Dankbar sei aber auch an all jene erinnert, die es durch allgemeinverständliche Beiträge verstanden haben und verstehen, zu einem sachgerechteren Umgang mit Gleichnissen in Predigt, Katechese und Erwachsenenbildung anzuleiten.

Da ich der Meinung bin, daß sich der Exeget nicht davon dispensieren darf, das, was er wissenschaftlich erarbeitet und in Vorlesungen und Seminaren darzustellen hat, auch einem breiteren Publikum zugänglich zu machen, war es für mich nicht nur reizvoll, sondern auch eine echte Herausforderung, anläßlich einer Einladung zu einer Reihe von Exerzitienvorträgen die Gleichnisse als Thema zu wählen. Mit den Jesusgleichnissen beschäftigte ich mich auch in Predigten und Vorträgen sowie in Wochenkursen für Religionslehrerinnen und Seelsorger, von denen ich immer wieder viele Anregungen erhielt. Schließlich reifte der Entschluß, die Gedanken und Überlegungen und Einsichten zu den Gleichnissen in einem Buch festzuhalten.

Die wissenschaftliche Exegese der Gleichnisse soll in dieser Publikation vorausgesetzt werden. Ich gehe davon aus, daß die Leserinnen und Leser nicht an erster Stelle an ihr interessiert sind. Es darf und soll aber immer wieder durchschimmern, daß die historisch-kritische Methode, der ich mich verpflichtet sehe, das gute Verständnis nicht etwa behindert, sondern der Ermutigung des Glaubens erhebliche Hilfe bietet. So ist es auch wichtig, die historischen Situationen vor Augen zu halten, in die hinein Jesus die Gleichnisse gesprochen haben könnte und in welchen die christlichen Gemeinden und/oder die neutestamentlichen Schriftsteller den einen oder anderen Akzent in den Gleichnissen neu und anders gesetzt haben. Die Gleichnisse werden so davor bewahrt, von uns vereinnahmt und zer-sagt zu werden. Die Anregungen, die die Gleichnisse für uns bereithalten, kommen uns durch den offenen Dialog mit unseren urchristlichen Glaubensbrüdern und -schwestern zu, wodurch der dialogischen Struktur der Offenbarung selbst am besten Rechnung getragen wird.

Wahrscheinlich ist die Gleichnisforschung darum noch nicht zum Abschluß gekommen, weil die Gleichnisse selbst auch nicht abgeschlossen sind. Das will heißen, daß sie weiterhin offen bleiben für Menschen in je anderen Situationen und Herausforderungen. Auch die

Überlegungen, die in diesem Büchlein niedergeschrieben sind, verstehen sich nicht als „letztes Wort". Sie sollen vielmehr Anregungen sein, damit Leser und Leserinnen selbst, sei es persönlich oder in Gruppen, mit Gleichnissen leben lernen können.

Gewidmet sei die Schrift den Schwestern von der Göttlichen Vorsehung in Baldegg (Schweiz).

Freiburg im Uechtland, im Oktober 1990

Hermann-Josef Venetz

ZWISCHEN HOCHZEIT UND FASTEN
(Mk 2,18–22)

Oft wird gesagt, vom historischen Jesus von Nazaret wisse man nur sehr wenig. Das mag zum Teil stimmen; doch allzu pessimistisch sollte man nicht sein. Wir kennen doch eine ganze Reihe von Aussagen, von denen wir mit großer Sicherheit sagen können, daß sie von Jesus stammen. Unter diesen Aussagen nehmen die Gleichnisse den bedeutendsten Platz ein. Auch der kritischste Forscher muß das zugeben: Bei den Gleichnissen stoßen wir nicht nur auf das Urgestein der Jesusüberlieferung; bei den Gleichnissen kommen wir dem historischen Jesus am nächsten. Und auch das ist sicher: Jesus muß ein auffallend guter Gleichniserzähler gewesen sein.

Neue Fragen ...

Gewiß, die Gleichnisse, wie wir sie im Neuen Testament finden, sind vielfach geprägt von den Fragen, Interessen, Ängsten, Zweifeln usw. der ersten Christinnen und Christen. Wir werden das im einzelnen sehen. Den ersten Christinnen und Christen ging es nicht darum, die Gleichnisse wortwörtlich weiterzugeben. Für sie war es wichtig, in einer neuen Situation mit diesen Gleichnissen auch zu leben und mit ihnen ihren Glauben an Jesus Christus zum Ausdruck zu bringen und weiterzugeben. Das heißt: Die ersten Christen stellten an die Gleichnisse, die sie überliefert bekommen haben, ähnliche Fragen, wie wir sie stellen und wie die unmittelbare Zuhörerschaft Jesu sie stellte: Was wollen die Gleichnisse uns sagen, uns, die wir uns mit diesem

Jesus auf den Weg gemacht haben oder ihm im palästinischen Gebirge begegnen, uns, den Mitgliedern der christlichen Gemeinde in der Großstadt Antiochien in den siebziger Jahren des ersten, uns, den Christinnen und Christen im Mitteleuropa des ausgehenden 20. Jahrhunderts? Gewiß, weder Jesus von Nazaret noch die ersten christlichen Gemeinden in Antiochien oder Rom noch die Evangelisten haben je an Menschen des 20. Jahrhunderts gedacht, als sie Gleichnisse erzählten und niederschrieben. Sie waren praktisch eingestellt und dachten vor allem an sich und ihre unmittelbare Umgebung. Uns geht es ja auch so. Wenn wir die Bibel lesen oder einen Sonntagsartikel schreiben oder wenn wir Unterricht halten oder predigen, denken wir nicht an Leute, die im Jahre 3991 irgendwo im Pazifik leben. Wir müssen mit *unseren* Problemen zu Rande kommen, wir müssen uns den *heutigen* Herausforderungen stellen, wir müssen *unseren* Glauben zu leben versuchen. Leute, die sich glaubend auf den Weg machen und die Bibel lesen, sollten praktisch veranlagt sein.

Aber um welche Probleme und Herausforderungen handelt es sich denn? Wenn man so wie ich in die Jahre kommt, hat man je länger je mehr den Eindruck, man wälze stets die gleichen Probleme, man stelle immer die gleichen Fragen, und man ist enttäuscht darüber, daß man auch immer die gleichen Antworten erhält. In der Tat ist es so: wir suchen immer nach Antworten. Sollten wir nicht einmal überlegen, ob wir denn auch die richtigen Fragen stellen, ob wir auch wirklich die richtigen Probleme wälzen?

Ich hatte einmal zusammen mit einem Kollegen einen Weiterbildungskurs für Seelsorgerinnen und Seelsorger vorzubereiten, und wir sprachen untereinander ab, wie wir die Arbeit und die Themen und die Zeit aufteilen wollten. Mein Kollege sagte mir, er werde sich nicht eigens vorbereiten. Er werde die Leute ermutigen, ihm Fragen zu stellen. Er selbst habe sich jetzt lange genug mit den einschlägigen Problemen beschäftigt und könne bestimmt auf die meisten Fragen eine vernünftige Antwort geben.

Daran zweifle ich nicht. Meine Frage ist nur die, wie lange wir das Spiel noch weitermachen wollen: auf die immer gleichen Fragen folgen die immer gleichen Antworten. Wäre es nicht gut, einmal neue Fragen zu stellen?

... können zu einem neuen Standort führen

Als Jesus im Palästina der dreißiger Jahre zu lehren begann, trat er nicht mit fertigen Antworten vor die Leute. Es ist erstaunlich, wie oft Jesus seinen fragenden Zuhörerinnen und Zuhörern mit einer Gegenfrage antwortet, gewissermaßen um ihnen zu sagen: Man kann die Frage auch anders stellen, sachgerechter, wesentlicher. Ohne jetzt auf die betreffenden Stellen näher einzugehen, möchte ich nur das eine oder andere Beispiel nennen.

Als sich einige Schriftgelehrte darüber aufhielten, daß Jesus einem Gelähmten die Vergebung der Sünden zusprach, fragte er sie:

Was ist leichter, zu dem Gelähmten zu sagen: Deine Sünden sind dir vergeben, oder zu sagen: Steh auf, nimm deine Bahre und geh umher? ... (Mk 2,1–12)

Ein anderes Mal waren die Pharisäer verärgert, weil die Jünger Jesu, als sie am Sabbat durch die Kornfelder schritten, Ähren abrupften. Sie sagten: „Schau, was die am Sabbat Unerlaubtes tun!" Da stellt ihnen Jesus die Frage:

Habt ihr noch nie gelesen, was David tat, als er Not litt und ihn und seine Gefährten hungerte? Und wie er in das Haus Gottes ging ... und die Schaubrote aß, die au-

ßer den Priestern niemand essen darf, und auch seinen Gefährten davon gab? (Mk 2,23–28)

Ein anderer Bericht erzählt davon, daß Jesus am Sabbat in der Synagoge war und daß sich dort gleichzeitig ein Mann mit einer gelähmten Hand aufhielt. Die Leute beobachteten Jesus, ob er den Kranken am Sabbat heilen würde, damit sie ihn anklagen könnten. Jesus rief den Mann mit der gelähmten Hand in die Mitte und sprach dann zu den Leuten:

Ist es erlaubt, am Sabbat Gutes oder Böses zu tun? Ein Leben zu retten oder zu töten? (Mk 3,1–6)

Gerade dieser letzte Fall zeigt deutlich, worauf Jesus hinauswill: Durch seine Frage will er die Leute aus ihrem kleinlichen und ängstlichen Fragen heraus- und zur wesentlichen Frage hinführen: zur Frage nach Leben und Tod.

In Form von Fragen trägt Jesus auch eine ganze Reihe von Gleichnissen vor.

Wenn einer von euch hundert Schafe hat und eines davon verliert, läßt er dann nicht die neunundneunzig in der Steppe zurück und geht dem verlorenen nach, bis er es findet? . . . (Lk 15,3–7)

Wenn einer von euch einen Freund hat und um Mitternacht zu ihm geht und sagt: Freund, leihe mir drei Brote; denn einer meiner Freunde, der auf Reisen ist, ist zu mir gekommen und ich habe ihm nichts anzubieten!, wird dann etwa der Mann drinnen antworten: Laß mich in Ruhe, die Tür ist schon verschlossen, und meine Kinder schlafen bei mir; ich kann nicht aufstehen und dir etwas geben? (Lk 11,5–8)

Wer von euch wird seinen Sohn oder seinen Ochsen, der in den Brunnen fällt, nicht sofort herausziehen, auch am Sabbat? (Lk 14,5)

Nicht alle diese Fragen müssen auf Jesus zurückgehen. Mag sein, daß die Urkirche selbst im Geiste Jesu neue Fragen stellte. Sicher aber ist, daß das nicht nur rhetorische Fragen sind, und sie verraten auch nicht nur pädagogisches Geschick. Sie haben wirklich die Absicht, die Zuhörerschaft zu einer neuen Fragestellung und zu einem wesentlicheren Standort zu führen.

Im Gespräch mit Jesus und den ersten Glaubenszeugen

Was wir bei Jesus beobachten, läßt sich eigentlich auf die ganze Bibel übertragen, auch wenn es nicht überall so deutlich und so ausdrücklich festzumachen ist. Die Bibel gibt vorerst nicht Antworten auf unsere Fragen; sie lehrt uns neue Fragen zu stellen. In diesem Sinn sind die Gleichnisse nicht nur zu lesen und auswendig zu lernen und weiterzusagen; sie laden uns vielmehr ein, mit jenen Menschen ins Gespräch zu kommen, die zum ersten Mal die Gleichnisse Jesu hörten, und mit jenen Menschen, die diese Gleichnisse mit ihren Problemen, mit ihrem Glauben und Ringen neu interpretierten. Und wie das so ist bei einem Gespräch: das eine Wort bringt das andere, die eine Frage ruft nach einer anderen. Wer weiß, vielleicht waren die Fragen und Probleme der Menschen damals echter, als es die unseren sind ...

Meinen Darlegungen zu den Gleichnissen werden im wesentlichen drei Fragen zugrunde liegen, auch wenn sie nicht immer ausdrücklich gestellt werden:

1. Welches waren die Schwierigkeiten, die Stimmungen, die Fragestellungen, die Nöte usw. jener Menschen, die als erste die Gleichnisse Jesu hörten?

2. Wie haben die ersten Christinnen und Christen unter veränderten Umständen und Problemen diese Gleichnisse verstanden, und wie haben sie mit ihnen gelebt?

3. Wie können wir heute die Gleichnisse verstehen, und – vor allem – wie können wir heute mit ihnen leben?

Als Neutestamentler bin ich immer wieder versucht, darzulegen und zu erklären, wie es damals war. Dabei ist uns doch vor allem wichtig zu erfahren, was wir heute zu tun haben. Das ist eine echte Schwierigkeit, und ich werde mir große Mühe geben müssen, nicht allzusehr in längst vergangene Zeiten abzuschweifen.

Andererseits erachte ich es eben doch für äußerst wichtig, in Erfahrung zu bringen, wie die Menschen damals mit den Gleichnissen umgingen. Denn die Menschen damals – ob wir sie nun namentlich kennen oder nicht – sind unsere Glaubenszeugen. Was sie dachten, was sie glaubten, wie sie lebten, was für Vorstellungen und Schwierigkeiten sie hatten usw., ist für uns nicht nur interessant zu wissen, sondern auch von entscheidender Bedeutung für unser Glauben, für unser Leben, für den Umgang mit unseren Problemen und Schwierigkeiten – und eben auch für unseren Umgang mit den Gleichnissen.

Die Frage nach der Praxis

Wir wollen vor allem erfahren, was wir zu tun haben. Das verstehe ich gut. „Was sollen wir tun?" So fragten die Volksscharen und die Zöllner und die Soldaten den Täufer Johannes (Lk 3,10–14) – eine Frage, die auch wir nicht verdrängen dürfen. Ich bin allerdings nicht der Meinung, die Frage nach dem Tun stelle sich nach der Bibellektüre ganz automatisch und finde auch wie von selbst eine Antwort. Ich bin der Überzeugung, daß wir die Bibel nur verstehen können, wenn die Frage nach dem Tun dem Bibellesen vorausgeht; genauer: wenn mit der Frage nach dem Tun auch die entsprechende Praxis vorausgeht, es sei denn, wir bleiben im Akademisch-Unverbindlichen stecken. Um es ganz pointiert zu formulieren: Was wir zu tun haben, das wissen wir schon seit langem. Oft beschäftigen wir uns mit der Bibel, um das Tun noch etwas hinauszuschieben oder uns überhaupt davon zu dispensieren, ähnlich dem Gesetzeslehrer, der ganz genau wußte, was zu tun ist, um ewiges Leben zu erlangen, dann aber die Verwirklichung mehr oder weniger geschickt dadurch hinausschob, daß er Jesus die Frage stellte: „Und wer ist mein Nächster?" (Lk 10,25-37). Über diese Frage läßt sich in der Tat jahrelang diskutieren, wobei allerdings zu bedenken ist, daß während des Diskutierens Tausende von Menschen, die unter die Räuber gefallen sind, verbluten . . .

Es stimmt gar nicht, daß die biblischen Schriften bzw. die biblischen Schriftsteller hauptsächlich darauf aus sind, den Leuten beizubringen, was sie zu tun haben. Ich vermute, daß die Bibel diesen etwas dubiosen Ruf ungeduldigen Predigern und Katechetinnen verdankt. Wer Menschen immerzu beibringen will, was sie zu tun haben, wirkt nicht nur ermüdend, sondern oft auch überfordernd. Und wer Menschen auf die Dauer überfordert, gefährdet sie, ja bringt sie früher oder später um.

Halten wir fest: Die biblischen Schriften im allgemeinen und die Gleichnisse im besonderen wollen uns nicht sagen, was wir zu tun haben; sie wollen zuerst und vor allem mit uns ins Gespräch kommen. Und wer die Bibel liest, wird sich nicht an erster Stelle einem Druck aussetzen; er wird an erster Stelle in ein Gespräch verwickelt, in das Gespräch mit den Propheten, in das Gespräch mit Jesus, mit den ersten Christinnen und Christen. Vielleicht bietet das für uns darum so große Schwierigkeiten, weil wir die Bibel zu Recht als Autorität ansehen, aber meinen, Autorität habe nur jemand, der uns befiehlt, der uns Weisungen erteilt, der uns sagt, was wir zu tun haben. Ich denke, wahre Autoritäten können auch zuhören. Und wahre Autoritäten lassen sich auch widersprechen. Und gerade darin sind die biblischen Schriften, sind die biblischen Schriftsteller, sind die Gemeinden, die sie lasen und weitergaben, wahre Autoritäten: sie können uns zuhören, und sie können auch unseren Widerspruch stehenlassen.

Frömmigkeit ohne Fasten?

Und nun zu unserem ersten Gleichnis. Eigentlich ist es ein Bildwort. Aber es funktioniert wie ein Gleichnis. Ein Gleichnis übrigens in der typisch jesuanischen Form einer Fragestellung (Mk 2,18–22):

Und die Jünger des Johannes und die Pharisäer fasteten gerade. Da kamen einige und sagten zu ihm: Warum fasten die Jünger des Johannes und die der Pharisäer, und deine Jünger fasten nicht?

Bevor wir uns die Antwort Jesu näher ansehen, wollen wir ein paar Dinge grundsätzlich klären. Gleichnisse – oder Bildworte – versuchen meist einer bestimmten Problemstellung zu begegnen. In unserem konkreten Fall, den wir jetzt besprechen wollen, ist die Schwierigkeit der Leute damals oder die Situation, in die hinein Jesus das Bildwort gesprochen hat, deutlich angegeben. Aber das ist nicht bei jedem Gleichnis so. Recht oft muß man die Situation aus dem Inhalt des Gleichnisses zu erschließen suchen. Wichtig ist dann nur, daß wir nicht voreilig unsere heutigen Fragestellungen in den Text hineinlesen.

Beim jetzt zu behandelnden Bildwort ist die Problemlage klar. Vielleicht zu klar. Vergessen wir nicht: Damals gehörte das Fasten zusammen mit dem Beten und dem Almosengeben zu den herausragendsten Werken der Frömmigkeit. Es sollte sich niemand als fromm bezeichnen, der sich nicht an die Fastengebote hielt. Von Jesus von Nazaret hatten die Leute bereits gehört, daß er predigte, und daß seine Predigten etwas Besonderes waren. Er gab den Leuten nicht einfach Weisungen und Direktiven. Ihn interessierte nicht an erster Stelle das, was die Leute zu tun hatten. Er sagte vielmehr: Jetzt ist die Zeit gekommen. Die Zeit, die die Propheten und Seherinnen erträumt und erahnt haben, ist angebrochen. Gott selber tritt jetzt auf den Plan. Er nimmt das Ruder selbst in die Hand. Das bedeutet, daß alle Menschen neu anfangen können. Daß es keine Unterdrückung mehr gibt. Daß die Gebeugten sich wieder aufrichten können. Die Predigt Jesu erschöpfte sich nicht im Reden. Wo immer er auftrat, ereignete sich Herrschaft Gottes. Die Schwiegermutter des Simon nahm er bei der Hand und richtete sie auf. Den Aussätzigen umarmte er. Bartimäus machte er wieder sehen. Dem verachteten Levi bot er Gemeinschaft an, in der er sich wohlfühlen konnte und eine Aufgabe fand. Die gekrümmte Frau lernte den aufrechten Gang ...

Von all dem hatten die Leute schon gehört. Und sie dachten sich: Das mag ja alles gut und recht sein; aber wo bleibt das Fasten? Es soll doch nicht jemand von Gott reden und vom Reich Gottes und von Herrschaft Gottes, wenn er nicht fastet. Am Fasten erkennt man den frommen Menschen. Und dieses Kennzeichen, von dem wir wissen, daß es Gott gefällt, darf nicht verlorengehen. Ja, das Fasten ist doch das eigentliche Zeichen dafür, daß man sich ernsthaft auf den Anbruch des Reiches Gottes vorbereitet.

Die Frage drängte sich auf: Jesus von Nazaret, warum sprichst du so schön von Gott und hältst dich nicht an das, was Gott von uns verlangt? Siehst du nicht, daß du etwas von dem aufgibst, was wesentlich ist für unsere Religion, ja für jegliche Religion? Haben nicht unsere Heiligen allesamt gefastet? Ist nicht das Fasten das große Einfallstor Gottes in diese Welt?

Ich könnte mir vorstellen: Wenn die Leute eine solche Frage an einen Theologen gerichtet hätten, was immer er darauf geantwortet hätte, es wäre sehr kompliziert gewesen. Jesus war Gott sei Dank kein Theologe – wenigstens nicht in unserem landläufigen Sinn. Beachten wir seine Antwort. In unserer Bibel lautet sie so:

Können die Hochzeitsgäste denn fasten, während der Bräutigam bei ihnen ist?

So drückt sich der Hebräer aus. Auf gut deutsch würde man das gleiche so sagen:

Fastet ihr denn bei einer Hochzeit?

Es ist Hochzeit

Das ist nun in der Tat eine merkwürdige, wenn nicht gar eine dumme Frage und hat mit unserem Anliegen nichts zu tun – so werden sich die Fragesteller gedacht haben. Natürlich fastet man bei einer Hochzeit nicht. Eine Hochzeit ist ein Fest. Und wie bei jedem Fest soll man auch bei einer Hochzeit gut essen und trinken. Dadurch zeichnet sich ja eine Hochzeit aus. Dadurch zeichnet sich jedes Fest aus: gut essen und gut trinken. An einer Hochzeit fastet man sicher nicht. Im Gegenteil. Wenn schon, fastet man eher einen Tag vorher... Aber an einer Hochzeit fastet man nicht. Das ist keine Frage.

Und während man sich über die selbstverständlichsten Dinge Gedanken macht, daß man bei einer Hochzeit nicht fastet und so, ist dieser Jesus schon wieder weg. Und er läßt die Fragesteller mit dieser Antwort allein, mit dieser Antwort, die eigentlich gar nicht eine Antwort ist, sondern eine Gegenfrage, auf die sie selbst eine Antwort finden sollen. Aber die Frage ist wie ein Rätsel, sie ist hintergründig, und *jede* Antwort wird zu einfach sein. Denn daran kann es doch nicht liegen, daß man bei einer Hochzeit nicht fastet. Das ist zu einfach und zu logisch und zu selbstverständlich. Da muß doch etwas dahinterstehen.

Fastet ihr denn bei einer Hochzeit?

Man muß wissen: Hochzeit war für die damalige Zeit nicht einfach Hochzeit. Hochzeit war nicht nur eines der größten Familienfeste. Das Verhältnis zwischen Gott und seinem Volk wird im Alten Testament, besonders bei den Propheten, immer wieder mit dem Bild der Brautschaft und der Ehe zum Ausdruck gebracht. Israel als die Braut Gottes; Gott als der Bräutigam Israels. Israel als Ehebrecherin, wenn es immer wieder anderen Göttern nachläuft; Gott als verschmähter Bräutigam, der trotz allem um die Liebe seiner Braut wirbt. Israel als Hure, die von den Völkern verachtet und vergewaltigt wird; Gott als der Liebhaber, der je neu zum Verzeihen bereit ist. Und dahinter der große Traum, dereinst auf immer vereinigt, in unzerbrechlicher Treue, ewige Hochzeit feiern zu können.

Denn wie der Junge ein Mädchen freit, so wird dein Erbauer dich freien; wie der Bräutigam seine Wonne hat an der Braut, so wird dein Gott an dir seine Wonne haben. (Jes 62,4–5; vgl. auch noch Jes. 54,4–6; Hos 2,18–22; Ez 16,7–14)

Das ist es, was hinter der fast humorvollen Antwort Jesu steht: Es ist Hochzeit. Wer soll denn da ans Fasten denken? Und wo Jesus auftritt, da ereignet sich Hochzeit. Da ereignet sich Hohe Zeit. Da ereignet sich Herrschaft Gottes. Wer soll denn da ans Fasten denken? Es soll ein Fest gefeiert werden! Und das Fest soll ausgekostet werden, mit all den *erlesenen Speisen* und den *abgelagerten Weinen*, wie es in alttestamentlichen Visionen heißt (vgl. Jes 25,6). Und nicht zu vergessen die bevorstehende Hochzeitsnacht: *Seine Linke ruht unter meinem Haupt, und mit seiner Rechten umarmt er mich* (Hld 8,3) – hat doch Israel im Hohenlied seine schönsten Liebeslieder auf das Verhältnis zwischen Gott und seinem Volk hin gedeutet.

Du aber, wenn du fastest . . .

Und doch. So richtig das alles auch sein mag, die ersten Christinnen und Christen haben wieder zu fasten angefangen. Und das zu Recht. Und aus verschiedenen Gründen. Erstens einmal haben sie festgestellt, daß das Leben eben doch nicht nur ein Honigschlecken ist, nicht nur Schlemmen und nicht nur Hochzeit. Und zweitens: Die ersten Christinnen und Christen haben wie selbstverständlich das Bild vom Bräutigam auf Jesus Christus hin ausgelegt. Und dieser Jesus Christus ist ja nicht einfach nur der strahlende Bräutigam. Es ist der Bräutigam, der sich mit den leidenden und elenden, mit den armen und mit den versuchten, mit den verzweifelten und mit den sterbenden Menschen vermählt hat. Der Bräutigam ist da, aber er ist entrissen. Beides ist im Auge zu behalten: die Anwesenheit des Bräutigams, das Fest, die Hochzeit, die Freude, das Miteinander, das Leben; das gehört zum glaubenden Realismus der Christusgläubigen; aber zum Realismus gehört ebenso das Leiden, der Alltag, die Verlassenheit, der Zweifel, das Sterben.

Es werden Tage kommen, da ihnen der Bräutigam genommen wird. Dann werden sie fasten an jenem Tage (Mk 2,20).

Christlicher Glaube ist immer in diese Spannung hineingegeben, in eine Spannung, die nicht nur mitten durch die Kirche und mitten durch die Menschheit geht, sondern auch mitten durch das Herz:

22

Freude und Leid – Hochzeit und Alltag – strahlende Sicherheit und Zweifel – Leben und Tod – und nichts ist auszuklammern, nichts von der Freude, nichts von der Hochzeit, nichts von der strahlenden Sicherheit, nichts vom Leben, aber auch nichts vom Leiden, nichts vom Alltag, nichts vom Zweifel und nichts vom Tod. Gerade weil der Bräutigam da ist, können und sollen wir realistisch der ganzen Bandbreite von Leben und Sterben ins Auge sehen.

Beides kann und darf und muß es in unserem Christsein geben. Kosten wir die Hochzeit, das gute Essen, die erlesenen Speisen, die abgelagerten Weine. Genießen wir die Umarmung und das Verliebtsein. Feiern wir Hochzeit. Aber verschließen wir die Augen nicht vor dem Alltag, vor der dunklen Einsamkeit, vor den Zweifeln, vor dem Leid. Scheuen wir uns nicht zu fasten; es gehört zu unserem Leben. Nur:

Wenn ihr fastet, so schaut nicht finster drein wie die Heuchler, denn sie verstellen ihr Gesicht, damit die Leute merken, daß sie fasten. Amen, ich sage euch: Sie haben schon ihren Lohn.

Du aber, wenn du fastest, salbe dein Haupt und wasche dein Gesicht, damit die Leute nicht merken, daß du fastest, sondern nur dein Vater, der im Verborgenen ist; und dein Vater, der ins Verborgene sieht, wird dir vergelten. (Mt 6,16–18)

Faste! Aber selbst wenn du fastest, soll es sein, als ob du zur Hochzeit schrittest. Dein Fasten soll nicht nach Moder, sondern nach Hochzeit riechen, nicht nach Tod, sondern nach Leben.

KLEIN WIE EIN SENFKORN
(Mk 4,30–32)

Allzuviel Phantasie braucht es nicht, sich die Situation vorzustellen, in die hinein Jesus das Gleichnis vom Senfkorn gesprochen haben könnte. Es war die Situation des Zweifels und der Resignation, vielleicht sogar des Ärgers. Man muß sich das einmal vor Augen halten.

Der große Anspruch

Jesus ist mit dem Anspruch aufgetreten, das Reich Gottes anzukünden und anzubieten. Und er hat es auch gelebt. Freilich sollten wir beim Ausdruck „Reich Gottes" und „Herrschaft Gottes" einigermaßen wissen, worum es geht. Für die Herrschaft Gottes gibt es keine Definition. Auch nicht in der Bibel. Wohl weil es so schwierig ist, Reich Gottes zu definieren, hat Jesus fast ausschließlich in Gleichnissen darüber gesprochen. Viele Gleichnisse beginnen mit den Worten: „Mit dem Reich Gottes oder mit der Herrschaft Gottes oder mit dem Königtum Gottes verhält es sich so ..."

Aber Gleichnisse sind nicht nur Texte. Jesus hat Herrschaft Gottes auch gelebt. Das ist wichtig zu sehen, um die Gleichnisse zu verstehen. Der beste Kommentar zu den Gleichnissen ist das Leben und das Sterben Jesu. Und der beste Kommentar zum Leben und Sterben Jesu sind seine Gleichnisse.

Trotzdem sollten wir uns zuerst einmal Rechenschaft geben über den Ausdruck „Herrschaft Gottes" oder „Reich Gottes" oder „Königtum Gottes". Vieles steckt nämlich schon in den Ausdrücken selbst – vieles an Vorverständnissen, vieles auch an Mißverständnissen. Unsere Sprache ist in dieser Beziehung nicht sehr glücklich. Der Ausdruck „Reich" sollte in unserem Jahrhundert nicht mehr gebraucht werden. Die Erfahrungen, die wir mit dem „Reich" gemacht haben, sind zu scheußlich, als daß wir diesen Ausdruck unbekümmert verwenden könnten. Aber auch der Ausdruck „Herrschaft" hat seine Tücken. Zuerst erinnert dieses Wort an „Herr", und schon wird Gott mit einem Herrn, mit einem Mann, gleichgesetzt, und seine Herrschaft ist dann auch eine Herrschaft, wie sie uns aus unserem patriarchalen und androzentrischen Zeitalter zur Genüge bekannt ist, eben eine Männerherrschaft. Dazu kommt noch etwas anderes. Wenn wir „Herrschaft" sagen, denken wir an Macht und Gewalt. Wer Herrschaft ausübt, zeigt sich als der Überlegene, als der Stärkere. Er hat die Macht, andere an die Wand zu drängen. Die Ausdrücke „Reich" und „Herrschaft" eignen sich in der Tat nur sehr schlecht, um das zu bezeichnen, worum es geht. Die genaueste Übersetzung des Griechischen wäre „Königtum". Ob damit viel gewonnen ist? Für uns sind Königinnen und Könige noch gerade in der Regenbogenpresse gegenwärtig. Ansonsten verbinden sich mit ihnen Tyrannei oder Entmachtung oder pure Repräsentation. Aber wahrscheinlich müssen wir – vorläufig wenigstens – mit diesen Ausdrücken vorliebnehmen, so mißverständlich sie auch sind; und sie sind schon so sehr in unsere religiöse Sprache eingebürgert, daß wir sie so einfach nicht ersetzen können. Wir müssen anders an die Sache herangehen.

Wie Jesus Reich Gottes lebte

Es besteht kein Zweifel: Im Zentrum der Botschaft Jesu stand die Herrschaft Gottes oder das Reich Gottes oder das Königtum Gottes. Ich verwende jetzt diese Ausdrücke weiterhin, weil wir an sie gewöhnt sind und keinen brauchbaren Ersatz haben. Wie gesagt geben weder Jesus noch die neutestamentlichen Schriftsteller eine Definition dessen, was Reich Gottes oder Herrschaft Gottes ist. Eine Ausnahme macht vielleicht Paulus, wenn er im Brief an die christliche Gemeinde in Rom erklärt, worin das Reich Gottes besteht: nicht in Speise und Trank, sondern in Gerechtigkeit, Friede und Freude im heiligen Geist (Röm 14,17). Ob uns diese Aussage aber auch wirklich weiterhilft? Müßten wir denn nicht wieder zu erklären suchen, was das im einzelnen heißt: Gerechtigkeit, Friede und Freude im heiligen Geist? Es bleibt uns kaum etwas anderes übrig, als hinzusehen, wie Jesus gelebt und gesprochen hat; denn wie er gelebt hat, wie er gewirkt hat, wie er den Menschen begegnet ist, wie er mit ihnen gesprochen hat, all das gibt im Grunde genommen Kunde von Gott, Kunde von Gottes Herrschaft und Reich. Ich beschränke mich auf ein paar Hinweise.

Es war in Kafarnaum. Jesus ging am Sabbat in die Synagoge. Da war ein Mann, dessen Hand gelähmt war. Für diesen Mann bedeutete das Arbeitslosigkeit, Hunger und Bettelei. Die Lage in der Synagoge war sehr gespannt. Wird Jesus die Stirn haben, diesen Mann am Sabbat zu heilen? Und alle schauten auf Jesus. Und Jesus sagte zu dem Mann: *Steh auf und komm in die Mitte*. In der Mitte des Gottesdienstes, in der Mitte des Auftrags Jesu steht der Mann mit der gelähmten Hand (Mk 3,1–6). Das ist Anbruch der Herrschaft Gottes.

Am gleichen Tag noch – so berichtet uns der Evangelist Markus – hat Jesus ein Wort gesagt, das gewissermaßen die Begründung liefert für das Verhalten Jesu, ein Wort auch, das unsere ganze Religiosität und Frömmigkeit auf den Kopf stellt: *Der Mensch ist nicht für den Sabbat da, sondern der Sabbat ist für den Menschen da* (Mk 2,27). Überspitzt könnte man sagen: „Der Mensch ist nicht für Gott da, sondern Gott ist für den Menschen da." Was das bedeutet, hat Jesus auf Schritt und Tritt gezeigt. Durch ihn ist Gott selbst an-gekommen, jener Gott, der selber nicht der Mächtige, der Allmächtige, sondern der Diener aller sein will.

Da kam eine Frau, die schon während zwölf Jahren an Blutungen litt und so aus der Gemeinschaft ausgeschlossen war. Niemand konnte ihr helfen. In der Volksmenge schlich sie sich von hinten an Jesus heran und wollte den Saum seines Gewandes berühren in der Überzeugung, daß sie durch diese Berührung geheilt würde. Und tatsächlich wurde sie geheilt. Jesus hat es bemerkt. Er hat sie nicht ausgelacht. Er hat sie auch nicht als naiv hingestellt. Er hat ihr seltsames Verhalten, ihren Tabubruch, als Glauben gedeutet und ihr wieder einen Platz unter den Menschen gegeben (Mk 5,25-34). Das bedeutet Anbruch des Reiches Gottes.

Und da war dieser Aussätzige, der von allen Menschen gemieden wurde. Ein Aidskranker der damaligen Zeit. Und Jesus nahm ihn in seine Arme, weil solche Menschen nicht abseits stehen dürfen (Mk 1,40-45). So lebte Jesus Herrschaft Gottes.

Und dann war da noch die stadtbekannte Sünderin, die unvermittelt in die Herrengesellschaft trat und Jesus die Füße salbte. Und Jesus ließ das an sich geschehen, auch wenn sich alle anwesenden frommen Männer darüber empörten (Lk 7,36-50). Das ist Anbruch des Reiches Gottes, wie Jesus es versteht: zu einem armen Teufel stehen, auch wenn sich alle anderen darüber ärgern.

So könnten wir noch lange weiterfahren. Mit der Herrschaft Gottes ist es eben ganz anders, als wir meinen oder erwarten. Hier wird nicht in Überlegenheit gemacht, hier wird nicht an die Wand gespielt. Wo Jesus auftritt, da können Menschen wieder atmen, da können Kranke wieder aufstehen, da können Verdäch-

tige wieder sie selbst sein, da können die Zusammenge-
stauchten wieder aufrecht gehen, da geschieht Befreiung und Gemeinschaft.

Auf hartem Pflaster

Aber gerade weil Herrschaft Gottes so ganz anders ist,
als wir meinen und erwarten, ist die Frage berechtigt,
ob sie sich auf dieser Erde durchzusetzen vermag.
Durchsetzen kann sich doch nur das Starke, das Überlegene, das Imponierende. Wir müssen uns die damalige Situation in Palästina vor Augen halten. Die Römer
hielten das Land besetzt; und wer Rom sagt, sagt Welt-
macht, Ordnung, Unerbittlichkeit. Die religiöse Vor-
herrschaft lag in den Händen der Sadduzäer, der prie-
sterlichen Aristokratie. Sie waren die Schirmherren der
riesigen Opferliturgien in Jerusalem und kontrollierten
den Tempel, die damalige Zentralbank Palästinas. Auf
dem Lande bildeten eher die Pharisäer die religiöse
und politische Instanz. Es war das eine fromme Laien-
bruderschaft, deren Einfluß im Hohen Rat in Jerusalem
nicht gering war. Daneben gab es die herodianische
Monarchie. Zwar konnte sie sich nie so recht legitimie-
ren, durfte aber der römischen Unterstützung ziemlich
sicher sein. Die schlechte politische Machtverteilung,
die schwierige wirtschaftliche Situation, der ab und zu
doch spürbare religiöse Druck, all das und manches andere trieb viele Leute in den Untergrund. Es entstanden
Widerstandsnester. Es gab Gruppierungen, die mit
Waffengewalt die herrschenden Verhältnisse verändern
wollten. Im ganzen Land war die Atmosphäre gespannt. Haß und Gewalt überall. Es gab Leute, die aus-
stiegen oder überhaupt auswanderten. Es gab Bettler,
Räuber, Fanatiker. Die Leidtragenden waren – einmal
mehr – die Armen und die Ärmsten, die nicht selten

von Arbeitslosigkeit, Aussatz und Krankheiten aller Art heimgesucht wurden.

In diese trostlose Situation hinein rief Jesus das Wort von der Gottesherrschaft, und überall, wo er auftrat, ereignete sich ein Stück Befreiung. Ein Stück Geschwisterlichkeit. Ein Stück Hoffnung.

Aber waren die Widerstände nicht zu groß? Pharisäer und Sadduzäer sahen sich von Jesus provoziert; viele einfache Leute sahen sich durch ihn verunsichert; die Römer betrachteten ihn und seine Bewegung als Unruheherd. Aber auch die Bewegung selbst, die Jesus in Gang setzte, war nicht so, daß sie sehr erfolgversprechend gewirkt hätte. Dieser Jesus verkündete die Herrschaft Gottes – aber was tat er? Er umgab sich mit Gesindel. Arme Leute. Deklassierte. Unreine. Fischer und Dirnen und Zöllner waren in seiner Gesellschaft. Und die meisten davon Galiläer, Leute aus einem Bezirk, von dem sowieso nichts Gescheites zu erwarten war. Und die Mächtigen waren einfach zu mächtig und zu sehr auf Ruhe und Ordnung bedacht, als daß sie diese Bewegung hätten hochkommen lassen. Sie machten sich eher lustig über Jesus und seine Anhängerinnen und Anhänger. Was will der? Der redet von Gottes Herrschaft – und was geschieht? Nichts, was der Rede wert wäre. Eine fiebrige Schwiegermutter, die vom Bett aufsteht. Ein Blinder, der wieder sieht. Ein Zöllner, der aussteigt und Jesus nachfolgt. Gesindel, das zusammen mit Jesus ißt und trinkt. Was soll das mit Herrschaft Gottes zu tun haben? Gegen die Römer und die Großgrundbesitzer werden sie nicht aufkommen, gegen die Sadduzäer und den Tempel läßt sich kein probates Mittel finden, gegen die wirtschaftlichen und politischen Machtmechanismen ist kein Kraut gewachsen. Wohl mag eine kleine Pflanze den Beton durchbrechen; aber der Beton bleibt.

Jesus hat die Skepsis, die man ihm und seiner Predigt entgegenbrachte, wohl durchschaut. Die Einwände gegen sein Tun und Reden kamen nicht nur von seiten der Gegner, von den Sadduzäern und Pharisäern. Selbst unter den Wohlgesinnten, ja sogar unter den nächsten Gefolgsleuten war man zurückhaltend. Sie hätten lieber gesehen, wenn das ganze Unternehmen sichtbarer und gewichtiger und deutlicher Fuß gefaßt und sich schneller ausgebreitet hätte. Und ab und zu waren sie versucht, mit recht dubiosen Mitteln dem Unternehmen nachzuhelfen.

Ein Gleichnis

Da hat ihnen Jesus ein Gleichnis erzählt. „Ihr denkt recht seltsam vom Reich Gottes. Wißt ihr, wie das Reich Gottes ist? Wißt ihr, womit man es vergleichen könnte? Schaut einmal dieses kleine Senfkorn. Winziger geht's nicht mehr. Wenn man die Augen schließt, spürt man es kaum auf der Hand, so klein und unscheinbar ist es. Wenn es aber in die Erde gesät ist, geht es auf und treibt große Zweige und wird groß und stark, ein großer Baum, in dem die Vögel nisten können."

So weltbewegend ist das zwar nicht. Aus einem Senfkorn, wenn es auf guten Boden gesät ist, wird eine Senfstaude. Und nicht eine Rose. Und nicht ein Veilchen. Und nicht eine Pappel. Ganz selbstverständlich, ganz natürlich wird aus dem kleinen Senfkorn eine Senfstaude. In Palästina kann sie zwei bis drei Meter groß werden.

Andererseits ist es aber doch wieder etwas sehr Geheimnisvolles: wie aus diesem winzigen Samenkorn eine so große Staude werden kann. Es ist Leben drin.

Der Vergleich ist gut und gibt Zuversicht. Jesus sagt:

Mit derselben geradezu zwangsläufigen Sicherheit, mit welcher aus dem kleinen Senfkorn eine große Staude wird, wird aus diesen kleinen Anfängen, die ihr so verachtet und die ihr kaum wahrnehmt, letzten Endes das Reich Gottes, die Herrschaft Gottes dastehen. Verlaßt euch darauf. Ihr wißt nicht, was Gott vermag.

Die ersten Christinnen und Christen haben mit diesem Gleichnis gelebt. Zwar haben sie aus dem Leben und Sterben Jesu lernen müssen: So zwangsläufig geht es ja nicht; jedes Wachstum wird durchkreuzt. Aber sicher war es gerade die Ostererfahrung, die den Leuten, die sich zu Jesus Christus bekannten, den Trotz verlieh, sich an diesem Gleichnis festzumachen. Sie haben es auf sich selbst bezogen. Die kleine Gruppe von Christinnen und Christen: oft genug waren sie bedroht, standen sie vor dem Untergang und mußten sich die Frage stellen: Werden wir durchhalten? Sind die Mächte und Gewalten nicht zu groß? Kommen wir gegen die unkontrollierten Welt-Mechanismen an? Dazu kamen bald einmal Verfolgungen und Verdächtigungen. Es folgten die ersten „Kirchenaustritte". Es waren ja meistens die Bessergestellten, die in der Gemeinde Hervorragenden, die verfolgt wurden. Es waren meistens die Sensiblen und Gutherzigen, die die Gemeinde wieder verließen, weil der Leidensdruck zu groß wurde. Übrig blieben die kleinen Versprengten, die keine Bedeutung hatten. Und dann gab es erst noch Schwierigkeiten und Zwistigkeiten unter den Gemeindeangehörigen selbst. Werden sie überleben können? Sind die Bedrohungen nicht zu groß? Sind die Übriggebliebenen nicht zu klein und zu schwach?

Und sie nahmen ein Senfkorn zur Hand, dieses winzige Ding, das man kaum beachtet, weil es so unscheinbar ist. Wenn es aber in die Erde gesät ist, geht es auf und treibt große Zweige und wird groß und stark, ein großer Baum, in dem die Vögel nisten können.

In Kontrasten leben

Ich denke an *Basisgemeinden* heute, wie es sie gibt in Ost und West, in Süd und Nord. Männer und Frauen mit ihren Familien, die sich einsetzen für Gerechtigkeit für alle, für die Asylanten, für die Alphabetisierung ihrer Mitbürgerinnen und Mitbürger, für die Behinderten usw. Wie gering stehen diese Versuche doch da gegenüber dem Diktat der gigantischen wirtschaftlichen Entwicklung, für die diese Probleme und die von ihnen betroffenen Menschen eher Hindernisse sind, weil die moderne Wirtschaft es sich nicht leisten kann, sich durch sie aufhalten zu lassen; was zählt, ist Finanzkraft, Gesundheit, Tüchtigkeit, Wachstum. Und ich bin besorgt um diese Gruppierungen, die noch wagen, zu träumen und Visionen zu haben: Werden sie nicht einfach aufgerieben, unbeachtet – oder auch ganz bewußt – zertreten?

Dann bin ich glücklich, ein Senfkorn in der Hand zu haben. Es ist klein und gering und sieht nach gar nichts aus. Man spürt es nicht einmal, wenn man es auf der Hand hat. Wenn es aber in die Erde gesät ist, dann geht es auf, wird groß und stark, fast ein richtiger Baum; und die Vögel des Himmels können in seinem Schatten wohnen.

Und ich denke an *Barbara und Martin,* die beiden jungen Leute, die letzthin den Bund fürs Leben geschlossen haben, wie man sagt. „Bis der Tod uns scheidet", haben sie vor allen erklärt. Junge Leute. In einer Welt, in der jede dritte Ehe geschieden wird. Beide zu jung und zu klein, zu unerfahren und zu ahnungslos, als daß sie dem allgemeinen Trend standhalten könnten. So meinen wir. Und ein bißchen meinen es vielleicht auch sie.

Und während der Traufeier nahmen wir ein Senfkorn in die Hand. Gewiß, es ist gar unscheinbar. Man merkt nicht einmal, wenn es durch einen Windhauch oder durch eine ungeschickte Bewegung verlorengeht. Aber wenn es einmal in den Boden gesät ist, dann kennt es kein Halten mehr. Dann geht es auf und sprießt und schlägt aus und wird zu einer großen Staude, so daß selbst die Vögel darin Wohnung finden.

Oder ich denke an die *Novizin* und an die *kleine Schwesterngemeinschaft,* der sie angehört. Ist das alles nicht zu klein, zu zerbrechlich, zu nichtssagend, zu unbedeutend? Können sie denn standhalten in einer Zeit und in einer Welt, in der die Prioritäten so ganz anders gesetzt werden, in der die Uhren so ganz anders gehen?

Nehmen wir das Senfkorn in die Hand. Imponierend ist es zwar nicht; im Gegenteil: man ist eher versucht, es zu belächeln oder gar zu übersehen. Aber wenn es einmal in die Erde gesät ist, dann schlägt es alsbald aus und wächst und wird stark und wird zu einem beeindruckenden Baum, in dessen Schatten Menschen und Tiere Kühle finden.

Und ich denke an *mich.* Viel mehr als das Gewicht des Senfkorns bringe ich nicht auf die Waage – ich meine jetzt im geistigen oder auch im geistlichen Sinn. Schon so alt, und doch nichts, das aufsehen oder aufhorchen ließe, nichts, das der Rede wert wäre. Keine Chance, daß da noch etwas Vernünftiges herauskommt. Weil so vieles, so vieles an Geschichte und so vieles an Erfahrung dagegen spricht. Wie heißt es schon in der Offenbarung des Johannes: „Ich habe gegen dich, daß du deine erste Liebe verlassen hast" (2,4). Ja, diese Liebe, von der so wenig bis gar nichts mehr da ist . . .

Oder vielleicht doch? Vielleicht nur so winzig wie ein Senfkorn . . . ?

Wenn Gott am Werk ist

Ein wunderbares Gleichnis. Es erlaubt uns einzuschwingen in die große Zuversicht Jesu, die etwas mit Trotz zu tun hat. Auch wenn diese Anfänge noch so klein und unscheinbar sind; auch wenn man den Eindruck haben muß, es lohne sich nicht oder es lohne sich nicht mehr; auch wenn das spöttische Gelächter der Besserwisser alles in Frage stellt: hier und jetzt ist der Ort und die Zeit, in welcher Gott am Werk ist; hier und jetzt ist die Zeit des Vertrauens, daß Gott das, was er begonnen hat, auch zu einem glücklichen Ende führen wird. Soviel dürfen wir Gott zutrauen.

Freilich, dieses Zutrauen kann und darf sich nicht nur in unserem Kopf ereignen. Unsere Augen und unsere Hände, unsere Arbeit und unser Planen: alles muß einstimmen in diese Zuversicht. Hundert Möglichkeiten tun sich uns täglich auf, mitzuspielen mit diesem Gleichnis, selbst hineinzugehen in dieses Gleichnis, dem Vertrauen und der Zuversicht konkrete Gestalt zu geben. Und dann, hier und jetzt, wird unsere Bitte ernst und echt: Dein Reich komme. Um diese Bitte geht es ja in unserem Leben – und in unserem Sterben.

Und wenn uns diese Bitte zu pathetisch und zu schwierig vorkommt und wenn wir wieder einmal zu sagen versucht sind: „Da kann man nichts machen, ich bin einfach so, es nützt doch alles nichts, die Götzen sind größer und stärker", dann denken wir an das winzige Senfkorn. Es ist sehr klein. Fast unscheinbar. Aber wenn es einmal gesät ist, dann geht es auf und wird groß und stark, treibt große Zweige und Äste und wird zu einem richtigen Baum, so daß die Vögel des Himmels darin nisten können.

Wartet's nur ab! Ihr wißt nicht, was Gott vermag.

VERTRAUT AUF DIE SAAT!
(Mk 4,26–29)

Es ist langweilig. Es ist stinklangweilig. Es geschieht nichts. Es läuft nichts. Immer der gleiche Trott. Nichts Aufregendes. Immer die gleichen Gesichter. Immer die gleichen Probleme. Immer die gleichen Fragen und immer die gleichen Antworten.

Das betrifft natürlich zuerst einmal *mich*. Grauer Alltag des Berufs. Vorlesungen vorbereiten. Vorlesungen halten. Immer die gleichen oder fast die gleichen gelangweilten Gesichter vor mir. Studenten und Studentinnen mit ihren stets gleichen kritischen Bemerkungen. Immer das gleiche Gejammer. Vorbereitungen zu Vorträgen und Kursen. Dinge, die man sich schon zigmal durch den Kopf gehen ließ. Wiederholungen noch und noch. Artikel, die es zu schreiben gilt. Das wirklich Spannende ist der Termindruck und die Vorgabe der Länge: soviel Seiten, soviel Zeilen zu soviel Anschlägen. Natürlich muß immer wieder gekürzt werden. Und dann das langweilige Korrekturenlesen.

Auch im persönlichen Bereich tut sich nichts, auf alle Fälle nichts Aufregendes. Jeden Tag der gleiche Trott. Das Bestreben, wach zu sein und wach zu bleiben. Die zaghaften Versuche, mit Menschen ins Gespräch zu kommen, mit Gott ins Gespräch zu kommen. Und der Tag hat auch nur 24 Stunden. An mir selbst sind kaum Veränderungen feststellbar, außer daß ich älter werde. Immer das Warten, daß endlich einmal etwas geschieht. Aber es geschieht nichts. Auf alle Fälle nichts, was mich vom Sessel reißen würde. Stets die gleiche gereizte oder gelangweilte Reaktion wie vor dreißig Jahren. Und dabei möchte ich doch, daß sich manches ändert in meinem Leben. Daß ich weiser werde. Daß ich geduldiger werde. Daß ich stundenlang meditiere, daß ich das eine oder andere Mal gar in Ekstase gerate. Ab und zu die flaue Sehnsucht, daß Gott mich doch einmal auf freiem Feld überrasche, überfalle.

Aber nichts dergleichen. Mein Leben ist langweilig. Vielleicht nicht an der Oberfläche; aber je tiefer ich in mich hineingehe, desto langweiliger ist es. Es passiert einfach nichts.

Es passiert nichts

Das gleiche gilt für *meine Umgebung*. Meine Kollegen, mit denen ich zusammen bin: immer die gleichen Probleme, immer die gleichen Schwierigkeiten, jeden Herbst die gleichen Anfänge an der Uni. Man begegnet sich, man spricht miteinander, man ißt miteinander. Aber alles kommt an eine Grenze. Nichts, was auffällig wäre, nichts, was einen mitreißen könnte. Keine neuen Perspektiven. Man ist nett zueinander. Aber alles ist so furchtbar langweilig. Nichts geschieht. Dabei spricht man doch so viel von Gott, so viel von der großen Wende, die durch Jesu Tod und Auferstehung gekommen sein soll.

Auch in der *Kirche* geschieht nichts. Wenigstens nichts Spannendes. Die paar Querelen um Bischofsernennungen und mißliebige Theologen wirken nach kurzem Aufbrausen auch schon wieder langweilig. Alles nimmt seinen gewohnten Lauf. Vor allem muß man vorsichtig sein. Ja keine Äußerung, die „einfache Leute" verunsichern könnte. Wichtig ist, daß alles beim alten bleibt. Die Leute wollen es nicht anders. Sie wollen nicht gestört sein.

Das Wichtigste in unserer Kirche ist die Sonntagsmesse. Da sind sich alle einig. Und alle sind überzeugt: Das Wichtigste der Sonntagsmesse ist die Wandlung.

Aber wehe, wenn sich etwas wandelt! Wir sind zum Stillstand, zur Langeweile verurteilt. Die Kirche will sich nicht verändern, und sie hat darum auch keine Chance, die Welt zu verändern. In Kirche und Welt sind die bremsenden Kräfte zu stark am Werk. Hier wie dort tröstet man sich mit schönen Worten über die Langeweile hinweg.

Vielleicht wäre es jetzt an der Zeit dreinzuschlagen. Etwas mehr Tempo zu machen. Man braucht ja nicht immer wie ein geduldiges Lamm zu blöken. Ist Gehorsam nicht sehr oft nur ein anderes Wort für Phantasielosigkeit und Mangel an Verantwortung? Etwas Mutiges sollte geschehen. Man sollte deutlicher christliche Präsenz markieren. Es sollte in der Welt deutlicher werden, worum es der Kirche geht. Hören wir endlich auf mit den ständigen Rücksichtnahmen. Worauf warten wir denn noch? Ist es nicht an der Zeit, die Frauen zu Priesterinnen zu weihen? Ist es nicht an der Zeit, verheiratete Männer zu Priestern zu weihen? Ist es nicht an der Zeit, die Ideale der Französischen Revolution auch in der Kirche zu verwirklichen: Freiheit, Gleichheit, Geschwisterlichkeit? Sollten nicht viel mutiger auch demokratische Spielregeln in der Kirche eingeführt werden? Und warum müssen wir uns immer mit uns selbst beschäftigen? Greifen wir endlich ein in das Geschäft der Politik. Überlassen wir das Feld nicht einfach den Parteien. Übernehmen wir endlich selbst Verantwortung. Wer nicht mitmachen will, soll die Konsequenzen ziehen und sich einen Verein aussuchen, in dem er sich wohlfühlt.

Wenn wir etwas von der Welt lernen können, dann doch dies, daß man die Dinge selbst in die Hand nehmen muß. Der Machergeist ist nicht nur von Übel. Wir haben etwas zu *tun*. Wir haben Salz der Erde zu sein und Licht der Welt. Die Menschen, die ganze Welt sollte doch auf uns aufmerksam werden. Wenn wir auf das

Eingreifen Gottes warten wollen, dann können wir noch lange warten. Sind wir nicht dazu berufen, ihm ein bißchen nachzuhelfen?

Sympathisch, aber nicht weltbewegend

Für viele Leute in der *Umgebung Jesu* war die Stimmung nicht viel anders, als ich sie jetzt eben für mich oder für uns beschrieben habe. Jesus von Nazaret ist gewiß ein sympathischer Mann. Er kann auch gut reden. Er tut auch, was er sagt. Aber im großen und ganzen ändert er doch nichts. Hie und da hat man den Eindruck, daß das, was er tut und wie er es tut, völlig im Gegensatz steht zu dem, was er ankündigt. Die Herrschaft Gottes sei nahe herangekommen, sagt er. Dann würde man doch erwarten, daß das, was er tut, auch etwas von dieser Herrschaft Gottes sichtbar macht. Aber folgen wir ihm einmal eine Zeitlang auf seinem Weg und versuchen wir, jene Gedanken aufzunehmen, die sich die Jünger in seiner Begleitung gemacht haben könnten.

Da läßt er sich aufhalten von einer fieberkranken Schwiegermutter (Mk 1,29–31). Als ob das so dringend wäre.

Dann verweilt er stundenlang mit diesem Gesindel: mit Zöllnern und Sündern, mit Leuten, von denen überhaupt nichts zu erwarten ist. Er ißt und trinkt und spricht mit ihnen, als ob das das Wichtigste auf der Welt wäre (Mk 2,15–17). Und dabei wäre doch das Wichtigste – wie er selber sagt – das Reich Gottes, die Herrschaft Gottes.

Dann läßt er sich von Frauen aufhalten, die mit ihren Kindern kommen (Mk 10,13–16). Damit könnte er doch jemanden anderen beauftragen.

Und einen halben Tag verbringt er bei Marta und

Maria (Lk 10,38–42). Dabei rennt die Zeit davon. Er sagt doch selbst, daß es jetzt an der Zeit sei. Da sollte er doch mit gutem Beispiel vorangehen. Mit Essen und Trinken hat noch nie jemand die Welt verändert.

Und wie lange er sich mit den Jüngern auseinandersetzen kann! Soll er sie doch fortjagen, wenn sie nichts verstehen (Mk 8,14–21). Warum muß er sich denn gerade an diese schwerfälligen Gestalten wenden. Dabei gäbe es in den Pharisäerschulen so stramme und intelligente und unternehmungslustige Leute. Mit denen könnte er doch viel mehr Staat machen als mit diesen Fischern aus Galiläa, die schon mit Lesen und Schreiben ihre Mühe haben.

Ausgerechnet durch samaritanisches Gebiet will er gehen, und sich bei Leuten aufhalten, die sich um Religion überhaupt nie so richtig gekümmert haben. Erstaunlich ist es zwar nicht, daß sie ihn und seine Jüngerinnen und Jünger nicht aufnehmen (Lk 9,51–56). Aber statt einfach auszuweichen, könnte er doch etwas unternehmen. Denken wir an die Propheten des Alten Testaments: da ist es anders hergegangen. Feuer ist vom Himmel herabgekommen, hat hundert Mann verzehrt und Furcht und Schrecken hervorgerufen (2 Kön 1,9–17). Könnte Jesus denn das nicht auch? Ist er nicht auch ein Prophet? Will er denn nicht die Herrschaft Gottes aufrichten? Kann er denn nicht beseitigen, was ihm im Wege steht? Denn was ihm im Wege steht, steht ja auch der Herrschaft Gottes im Wege. Ausweichen gilt nicht. Die Lage ist zu ernst. Und die Zeit drängt. Das sind Worte, die der Meister selbst gebraucht (vgl. Mk 1,15 u. ö.).

Ein Gleichnis

Und da erzählt Jesus ein Gleichnis, weil er die Sache sonst nicht erklären und sich anders nicht verständlich machen kann.

Mit dem Reich Gottes ist es so.

Ein Mann streut Samen auf die Erde. Dann geht er schlafen und steht wieder auf. Nacht und Tag und Tag und Nacht. Der Same geht auf und wächst empor, ohne daß der Mann davon weiß. Von selbst bringt die Erde Frucht, erst den Halm, dann die Ähre und endlich das volle Korn in der Ähre. Sobald aber die Frucht es zuläßt, legt er alsbald die Sichel an, denn die Ernte ist da.
(Mk 4,26–29)

So geht es, wenn man die Sache richtig beobachtet. Es ist ja nicht so, daß der Mann, nachdem er gesät hat, sich auf den Boden legt und zuschaut, wie der Same wächst, und sich ärgert, daß es nicht schneller geht. Der Same wächst, ohne daß der Landmann sich darum kümmert. Zwar ist das ein bißchen übertrieben. Der Bauer tut nicht einfach nichts; er muß bewässern, er muß jäten, er muß auch feststellen können, ob die Frucht für die Ernte reif sei. Aber Gleichnisse dürfen schon auch ein bißchen übertreiben.

Ich denke nicht, daß das Gleichnis von der Geduld des Landmanns spricht. Die Geduld des Landmanns ist gar nicht gefordert. Jeder Bauer weiß: Wenn ich den Samen in gute Erde gegeben habe, dann wächst die Sache „automatisch" – wie es im griechischen Text heißt. Er selbst kann sich anderen Beschäftigungen zuwenden. Man soll sich vom Tun des Landmanns nicht täuschen lassen; er kann und will auf das Kommen der Ernte keinen Einfluß nehmen.

So ist es mit dem Reich Gottes.

Beachten wir auch hier: Die Herrschaft Gottes, das Reich Gottes ist von der konkreten Gestalt des Jesus von Nazaret nicht zu trennen. Das Gleichnis will Jesus als Künder der Herrschaft Gottes deuten.

Es gibt in diesem kleinen Text ein wichtiges Wort, das im Alten Testament oft gebraucht wird und das der Hörerschaft Jesu gut bekannt war: *Ernte*. Ernte bedeutet Vollendung, Erfüllung, Endzeit. Die Ernte ist unverfügbar – der Landmann kann da nichts machen als sie einbringen. Und die Ernte ist sicher, wenn nicht irgendein Unglücksfall alles zerstört hat. Diese sichere, wunderbare Vollendung steht nun in einem notwendigen Zusammenhang mit dem Auftreten Jesu. Jesu Wirken ist so notwendig verknüpft mit der Vollendung der Herrschaft Gottes, wie das Säen des Bauern mit dem Eintreffen der Ernte verknüpft ist. Aber die Vollendung, die Ernte: das ist Sache Gottes, Gottes wunderbare Tat. Und von diesem wunderbaren Tun Gottes kann man eben nur in Bildern und Gleichnissen sprechen.

Den Hörerinnen und Hörern gibt Jesus in diesem Gleichnis Raum. Als Hörerinnen und Hörer müssen wir uns nicht unbedingt mit dem Landmann identifizieren (der nichts tut und nichts tun soll); das Gleichnis will nicht sagen, wir sollen nichts tun. Auch sollen wir uns nicht mit dem Samen identifizieren, von dem es andernorts heißt, er müsse sterben, um Frucht zu bringen (Joh 12,24). Das ist alles gut und schön, aber es ist mit diesem Gleichnis nicht gemeint. Die Hörerinnen und Hörer sollen durch dieses Gleichnis in ein Geschehen hineingenommen werden, in eine Dynamik, in eine neue Zeit – so könnte man auch sagen. Sie sollen in die Gewißheit der Ernte hineingenommen werden: sie sollen sich nicht irritieren lassen vom anscheinend ganz normalen Lauf der Dinge, in dem der Landmann schlafen geht und aufsteht, bei Tag und bei Nacht, und ganz anderen Beschäftigungen nachgeht.

Von der Sicherheit einer wunderbaren Ernte

Ich habe den Eindruck, unser Leben werde in diesem Gleichnis ganz neu gedeutet. Das ist übrigens der Sinn der Gleichnisse; sie wollen uns an erster Stelle nicht sagen, was wir zu tun haben, sondern sie wollen uns mitteilen, wie es um uns steht. Und wie steht es um uns?

Was wir erfahren, ist dies: Es geschieht nichts, es ist alles so langweilig, es hat alles keinen Sinn; was wir erleben, hat mit Herrschaft Gottes gar nichts zu tun. Das Gleichnis nun will diese Erfahrung, diese Wirklichkeit neu deuten und beleuchten dadurch, daß es uns die Wahrheit verkündet. Und diese Wahrheit könnte ungefähr so umschrieben werden: *Magst du dich auch langweilen und dir frustriert vorkommen: du stehst vor der Sicherheit einer wunderbaren Ernte; du stehst in einer Zeit, deren Zukunft Gott gehört. Und diese Zukunft hat etwas mit Jesus zu tun, der in seinem Handeln und Reden diese Sicherheit aussagt und für diese Sicherheit bürgt; denn die Zukunft hat schon begonnen.*

Es ist immer schwierig und es kommt selten richtig heraus, wenn man versucht, Gleichnisse in Sätzen zusammenzufassen. Die Gleichnisse sind immer treffender und immer auch schöner. Und doch kann es ab und zu vorkommen, daß man einen Satz findet, der ein Gleichnis gut und prägnant zusammenfaßt, wie ich es von dem eben genannten meine: Du stehst vor der Sicherheit einer wunderbaren Ernte; du stehst in einer Zeit, deren Zukunft Gott gehört ... Das dürfte der Satz sein, den wir uns sagen lassen könnten, ein Satz auch, mit dem wir einander begegnen könnten. Eigentlich könnten wir ihn aus jeder Erzählung des Neuen Testaments heraushören. Denken wir dabei an die erwähnten Erzählungen, bei denen wir gemeint haben, Jesus lasse sich aufhalten und die Menschen hielten ihn von der Verkündigung und Verwirklichung des Reiches Gottes ab. „Du stehst vor der Sicherheit einer wunderbaren Ernte; du stehst in einer Zeit, deren Zukunft Gott gehört..." Ist es nicht das, was Jesus den Sündern und Zöllnern zugesprochen hat und sie erfahren ließ, als er mit ihnen aß und trank? Ist es nicht das, was die Schwiegermutter des Simon erleben durfte? Ist es nicht das, was den blinden Bartimäus wieder sehen machte? Was Marta und Maria, was die übrigen Frauen und Kinder und die Fischer aus Galiläa um Jesus herum feiern ließ?

Aber wie gesagt: Wir können einander auch das Gleichnis erzählen.

Mit dem Reich Gottes ist es so.

Ein Mann streut Samen auf die Erde. Dann geht er schlafen und steht wieder auf. Nacht und Tag und Tag und Nacht. Der Same geht auf und wächst empor, ohne daß der Mann davon weiß. Von selbst bringt die Erde Frucht, erst den Halm, dann die Ähre und endlich das volle Korn in der Ähre. Sobald aber die Frucht es zuläßt, legt er alsbald die Sichel an, denn die Ernte ist da.

Und wiederum können wir uns einschwingen in den gläubigen Realismus. So wird wohl die Gemeinde dieses Gleichnis gedeutet haben: Einerseits schaut sie zurück auf Jesus, auf sein Säen (sein Reden und Tun, sein Sterben und Auferstehen); andererseits schaut sie aus nach der Vollendung. Und so läßt sie sich selbst hineinnehmen in die Geschichte Gottes: sie befindet sich in der Zeit des von Gott gegebenen unbegreiflichen Wachstums. Auf der einen Seite das Schlafen und Aufstehen, Nacht und Tag; auf der anderen Seite das Wachsen des Samens und der Frucht. Es geht darum, dieses beides zusammenzuhalten, weil es auch zusammengehört – und nicht irre zu werden.

Das Angebot einer neuen Zeit

Dieses Gleichnis veranlaßt mich noch zu drei weiteren Überlegungen.

1. Ein berühmter Theologe hat einmal gesagt, in den Gleichnissen oder durch die Gleichnisse schenke Jesus seinen Zuhörerinnen und Zuhörern eine *neue Zeit*. Das wird an unserem Gleichnis gut sichtbar. Jesus gibt ja nicht nur Informationen über den Landbau und Informationen über das Reich Gottes weiter; er verändert richtiggehend die Situation seiner Zuhörerinnen und Zuhörer dadurch, daß er ihnen eine neue Zeit anbietet. Wenn ich das auf mich als Zuhörer des Gleichnisses übertrage: Die Langeweile, in der ich mich befinde, die ich jeden Tag schmerzlich erleide, ist nicht nur Langeweile; sie ist ja nur die Kehrseite einer ungeheuren Dynamik. In meiner und der Mitmenschen Langeweile glaube und erfahre ich auch etwas ganz anderes: die Sicherheit einer wunderbaren Ernte, die neue Zeit, deren Zukunft Gott gehört, eine Zeit und eine Zukunft, die etwas mit Jesus zu tun haben. In der Begegnung mit meinen Mitmenschen und im Lesen der Bibel kann ich ihm jeden Tag von neuem begegnen, und er bietet mir diese Sicherheit und diese Zeit und diese Zukunft jeden Tag von neuem an.

Bei einem anderen Theologen habe ich gelesen, Verzeihen bedeute Zeit schenken. Lassen wir uns das einmal durch den Kopf und durch das Herz gehen. Jesus schenkt den Sündern und Zöllnern, den Prostituierten und Deklassierten, mit denen er ißt und trinkt, Zeit, Zeit des Vergebens, Zeit des Neuanfangs. Erfahren wir nicht ähnliches? Wenn uns die Nachbarin, der gegenüber wir gemein waren, sagt: „Ist schon recht; lassen wir das", dann haben wir nicht den Eindruck, die Sache sei wirklich in Ordnung. Und wenn der Arme und Verfemte, an dem wir während Jahren achtlos vorbeigingen, uns zuruft: „Reden wir doch nicht mehr davon", fühlen wir uns im tiefsten nicht befreit. Und umgekehrt: Wenn uns jemand beleidigt hat und uns nun um Verzeihung bittet, speisen wir ihn nicht einfach mit einem knappen „War ja nicht so schlimm" ab. Verzeihen bedeutet mehr als „Schwamm drüber!"; es heißt Zeit schenken.

Es wäre lohnenswert, diesem Gedanken weiter nachzugehen. Wir sagen gern, wir sollten uns mehr Zeit nehmen zum Gebet; das Gebet sei die Zeit, die wir Gott schenken. Könnten wir das nicht einmal umgekehrt betrachten? Wenn wir uns zum Gebet einfinden, sei es zum gemeinsamen oder zum persönlichen Gebet, dann ist es doch auch so, daß Gott uns seine Zeit schenkt. Und uns so neu macht.

Gleichnisse schenken eine neue Zeit und ein neues Selbstverständnis.

2. Auch mit dem eben besprochenen Gleichnis läßt sich *leben.* Jeden Tag von neuem. Denn jeden Tag von neuem haben wir die Zusage dieser Sicherheit nötig, weil wir jeden Tag und immer wieder von der Langeweile bedroht werden. Die Langeweile, die scheinbare Untätigkeit, das Schlafen und Aufstehen des Landmanns, Nacht und Tag: das alles ist ja nur die Kehrseite jener unüberbietbaren Sicherheit des Wachstums der Saat. Weil Gott selbst gesät hat. Und weil Gott selbst das Wachstum schenkt. Und weil die Ernte in der Hand Gottes steht.

Mit diesem Gleichnis läßt sich auch *miteinander leben.* Vielleicht ist unser Arbeitskollege tatsächlich langweilig. Aber sicher hat diese Langeweile auch eine Kehrseite: die Sicherheit des Wachstums, die Zeit, deren Zukunft Gott gehört. Und vielleicht ist die Gemeinschaft, in der wir leben, unsere Familie oder unser Verein oder unsere Pfarrei, tatsächlich langweilig. Aber vielleicht ist sie nicht nur langweilig. Vielleicht hat sie auch eine Kehrseite: die Sicherheit des Wachstums, die Zeit, deren Zukunft Gott gehört.

3. Unser Gleichnis hat in einem ganz bestimmten Sinn mit Jesus zu tun. Und damit stoßen wir – wie das bei jedem Gleichnis der Fall ist – zum Grund unseres Glaubens vor. *Jesus:* er war für viele damals eben doch zuwenig interessant, zuwenig überzeugend, zu langweilig. Sein Auftreten im provinziellen Galiläa, sein Verweilen bei Schwiegermüttern und Zöllnern, seine Hinrichtung durch die römische Besatzungsmacht nach nur zwei bis drei Jahren Tätigkeit: das ist ja nicht gerade die Erfüllung der großen Sehnsucht der Menschheit. Aber dieser Jesus – er ist der *Christus.* Der, an dem Gott selbst sich festgemacht, in dem Gott selbst sich auf eine unüberbietbare Art den Menschen mitgeteilt hat.

DIE NEUE GERECHTIGKEIT
(Mt 20,1–16)

Mit dem Reich Gottes ist es so.

Es war Zeit für die Ernte in den Weinbergen. Ein Weinbergbesitzer hatte sehr viel zu tun. Er brauchte Hilfskräfte, Tagelöhner und Arbeitslose, die ihm halfen, die Ernte möglichst rasch unter Dach und Fach zu bringen. Sie fanden sich gewöhnlich auf dem Dorfplatz ein, wo sie geduldig warteten, bis sie von einem Arbeitgeber abgeholt wurden. Früh am Morgen ging also der Weinbergbesitzer hin, nahm die kräftigsten Männer mit und vereinbarte mit ihnen den landesüblichen Tageslohn: einen Denar. Mit einem Denar konnte ein Familienvater seine Familie einen Tag lang gerade mit dem Nötigsten versorgen.

Es gab aber viel mehr zu tun, als der Weinbergbesitzer berechnet hatte. Darum ging er um neun Uhr noch einmal zum Dorfplatz. Dort standen immer noch Männer herum, die hofften, für irgendeine Arbeit gedungen zu werden. Er nahm sie mit und sagte ihnen: Ihr werdet als Lohn bekommen, was euch zusteht. Um zwölf Uhr ging er noch einmal hin. Am Nachmittag um drei Uhr noch einmal.

Selbst um fünf Uhr ging er hinaus zum Dorfplatz. Und wieder standen Männer da, die keine Arbeit hatten. Der Weinbergbesitzer fragte sie: Was steht ihr hier herum? Sie sagten: Niemand hat uns bis jetzt gedungen, und bald schon geht die Sonne unter. Da sagte der Weinbergbesitzer: Geht auch ihr in meinen Weinberg. Es gibt sehr viel zu tun.

Als es dann Abend geworden war, sagte der Herr des Weinbergs zu seinem Verwalter: Jetzt mußt du den Lohn ausbezahlen. Das ist ja deine schönste Aufgabe.

Aber ich bitte dich, es diesmal so zu machen: Fang bei den Letzten an, bei denen, die nur eine Stunde gearbeitet haben.

Diese kamen und erhielten je einen ganzen Denar. Klar, daß die anderen, die länger gearbeitet hatten, sich bereits ausrechneten, daß sie entsprechend mehr bekommen würden. Aber auch sie erhielten je einen Denar. Ja, auch diejenigen, die den ganzen Tag gearbeitet hatten, erhielten einen Denar.

Das fanden sie nicht gerecht. Sie murrten. Sie gingen zum Hausherrn und sagten zu ihm: So geht das nicht. Diese Letzten da haben eine Stunde gearbeitet und einen Denar bekommen. Und wir, die wir den ganzen Tag gearbeitet haben, bekommen auch nur einen Denar. Das ist ungerecht. Entweder wir bekommen mehr als die anderen, oder aber die anderen bekommen weniger als wir. Das verlangt die Gerechtigkeit. Den ganzen Tag haben wir geschuftet. Wir waren in der Mittagshitze tätig. Und du stellst uns denen gleich, die in der Abendkühle nur noch ein Stündchen gearbeitet haben. Wo ist da die Gerechtigkeit?

Der Weinbergbesitzer nahm den Wortführer zu sich und sagte zu ihm: Mein Lieber, ich tue dir kein Unrecht. Wir haben doch am Morgen miteinander einen Denar vereinbart. Du warst damit einverstanden. Du hättest auch schwerlich etwas dagegen einwenden können. Denn das ist der Lohn, den man im ganzen Land für eine Tagesarbeit ausbezahlt. Du hast den Denar bekommen. Nimm ihn und geh. Es ist wahr, ich will denen, die zuletzt gekommen sind, auch einen Denar geben. Aber darf ich denn das nicht? Darf ich denn mit meinem Geld nicht tun, was ich will; dir geschieht ja kein Unrecht. Oder bist du vielleicht böse, weil ich gut bin?

So ist es mit dem Reich Gottes.

Gleichnisse als Kunstwerke

Eigentlich gibt es da gar nicht mehr so viel zu erklären, weil wir schon manche Erklärungen in unsere Wiedergabe des Textes hineingenommen haben.

Zuerst einmal dies. Der Gleichniserzähler – und in diesem Fall ist es ganz sicher Jesus selbst – ist ein sehr geschickter Erzähler. Beim Zuhören muß man gut aufpassen. Denn so anschaulich die Geschichte auch ist, das eine oder andere Mal fällt sie doch aus dem Rahmen. So ist zum Beispiel schwer zu glauben, daß der Weinbergbesitzer um fünf Uhr nachmittags noch einmal zum Dorfplatz geht, um Arbeiter zu dingen. Das ganz besonders dann nicht, wenn er sich vorher schon fast jede zweite Stunde nach Arbeitern umgesehen hat. Entweder ist der Weinbergbesitzer ein schlechter Organisator, oder die Erzählung ist ganz einfach übertrieben. Ich vermute, daß das zweite der Fall ist. Die Erzählung weist über sich hinaus. Die Zuhörerinnen und Zuhörer sollen sich Gedanken machen. Sie sollen anfangen zu rätseln, was wohl dahinter stecken könnte; ein Gleichnis ist nämlich immer hintergründig.

Auch ein anderer Zug in der Erzählung ist kaum glaubhaft. Warum soll der Verwalter diejenigen zuerst ausbezahlen, die zuletzt gekommen sind? Doch nur, damit die anderen sehen können, wieviel diese bekommen. Wenn sie das nicht feststellen würden, könnten sie ja auch nicht reklamieren, und der Gutsbesitzer bräuchte sich dann auch nicht zu rechtfertigen. – Das alles sage ich nur, um zu zeigen, wie raffiniert der Gleichniserzähler vorgegangen ist. Gleichnisse sind kleine Kunstwerke.

Ein Prinzip, von dem man nicht abkommen sollte

Aber jetzt zum Inhalt. Ich frage mich, was sich die Arbeiter nach der Lohnauszahlung gedacht haben. Was diejenigen dachten, die den ganzen Tag gearbeitet und einen Denar bekommen hatten, ist im Gleichnis gesagt: Sie sind empört; sie kommen sich verschaukelt vor. Das sagen sie dem Weinbergbesitzer auch ohne Umschweife. Sie haben auch wirklich allen Grund, empört zu sein, sie haben allen Grund zum Murren:

Wir haben länger gearbeitet als die anderen,

und wir haben die Hitze des Tages ertragen müssen.

Es gibt ein Leistungs-Lohn-Prinzip, von dem man vernünftigerweise nicht abkommen sollte. Und wer davon abkommt, handelt ungerecht. Je mehr Arbeit, desto mehr Lohn. Das ist doch klar. Das ist doch selbstverständlich. Das ist logisch. Wenn man davon abkommt, bringt man alles durcheinander. Also konkret: Wenn du denen, die nur eine Stunde und dazu noch unter günstigen Voraussetzungen gearbeitet haben, einen Denar ausbezahlst, dann steht uns, die wir den ganzen Tag gearbeitet haben, und das noch unter schwierigen Umständen, mehr zu. Das verlangt die Gerechtigkeit.

Ich frage mich, was sich bei der Auszahlung diejenigen gedacht haben, die nur eine Stunde gearbeitet haben. Vielleicht dachten sie: Das ist ein guter Mann. Vielleicht dachten sie sich aber auch: Der ist nicht ganz recht im Kopf. Wenn sie aber vernommen haben, daß diejenigen, die den ganzen Tag gearbeitet haben, auch (nur) einen Denar bekommen haben, konnten sie sich eines unguten Gefühls nicht erwehren. Gewiß haben sie nicht protestiert; sie waren ja auf das Geld angewiesen. Aber sie werden bei sich gedacht haben, daß das alles doch nicht so ganz mit rechten Dingen zugegangen sei. Denn auch sie denken ganz „normal": Je mehr Arbeit, desto mehr Lohn. Es gibt überhaupt keinen Grund, von diesem Prinzip abzukommen.

So oder so steht das Empfinden der Arbeiter dem Verhalten des Gutsbesitzers völlig entgegen. Besonders diejenigen, die den ganzen Tag gearbeitet haben und nun bei der Auszahlung denen gleichgestellt werden, die nur eine Stunde gearbeitet haben, können für ihren Unmut triftige Gründe geltend machen. Darum protestieren sie. Sie sind überzeugt, daß durch die Mißachtung des Leistungs-Lohn-Prinzips nicht nur ihnen gegenüber Unrecht geschieht, sondern die ganze Welt aus den Fugen gerät, weil Gerechtigkeit nur durch das Festhalten dieses Prinzips gewährleistet ist.

Zwei Welten

Die Arbeiter, die sich betrogen vorkommen, haben ihre guten Gründe für ihren Protest. Gründe hat aber auch der Weinbergbesitzer. Schauen wir uns diese etwas näher an.

Zum Wortführer der Protestierenden sagt er:

1. Ungerecht bin ich nicht; du bekommst ja, was wir miteinander am Morgen vereinbart haben: einen Denar.

2. Wenn ich dir gegenüber nicht ungerecht bin, kann ich im übrigen mit dem Meinen, mit meinem Geld, doch machen, was ich will.

3. Ich bin gütig – und du solltest deswegen nicht böse sein.

Ob die Arbeiter mit dieser Argumentation einverstanden waren, weiß ich nicht. Im Gleichnis steht nichts davon. Sicher aber ist, daß der Weinbergbesitzer etwas ins Spiel bringt, das ganz neu ist: die Güte. Vielleicht sollten wir aus dem letzten Satz nicht einfach nur den Vorwurf heraushören; er hat zumindest auch werbenden Charakter: Der Arbeiter möge doch seinen engen Gerechtigkeitsstandpunkt verlassen und versuchen, den Standpunkt der Güte einzunehmen. Das ist der springende Punkt im Gleichnis, die Pointe, wenn man so will: das Aufeinanderprallen zweier ganz verschiedener Welten, der Welt der sogenannten Gerechtigkeit und der Welt der Güte. Menschen, die in ihrem Gerechtigkeitsdenken befangen sind, mögen doch ihren Horizont sprengen lassen; sie werden dann etwas von dem mitbekommen, was Güte eigentlich meint.

Und jetzt sind wir sehr nahe daran, zu sehen oder doch zu ahnen, was Reich Gottes in Wirklichkeit ist. Das Reich Gottes oder die Herrschaft Gottes oder das Königtum Gottes ist der Ort, wo Leistungs- und Lohndenken überwunden werden. Das Reich Gottes können wir dann als Reich Gottes verstehen oder erahnen, oder das Gleichnis „stimmt" dann, wenn der Hörer oder die Hörerin zur Werbung „ja" sagt. Das Gleichnis bzw. das Reich Gottes möchte bei den Menschen diese Veränderung bewirken: *daß sie aus der Befangenheit im Lohndenken, aus der Befangenheit im religiösen Rechtsanspruch herauskommen und sich zu jener Güte befreien lassen, die die Gerechtigkeit zu durchbrechen vermag.*

Es geht um ein völlig neues Denken und um ein völlig neues Selbstverständnis. Um eine völlig neue Lebenseinstellung und eine völlig neue Praxis auch, die nicht vom rechthaberischen, kleinkarierten, mißgünstigen Denken ausgehen, sondern von der Güte des Weinbergbesitzers. Auch bei diesem Gleichnis kann man sagen, daß Gott und Mensch einander begegnen: die Güte Gottes begegnet dem Menschen und möchte ihn entwaffnen, entkrampfen, befreien.

Das Werben des Sachwalters Gottes

Daß auch dieses Gleichnis etwas mit *Jesus* selbst zu tun hat, ist unschwer zu sehen. Es ist gewissermaßen der Kommentar zum Leben Jesu, des Jesus von Nazaret, der mit Sündern und Zöllnern zusammensitzt und dadurch den Unmut der „Gerechten" hervorruft. Und wieder verrät das Gleichnis etwas von der nicht hinterfragbaren Vollmacht dieses Jesus von Nazaret: er läßt ein wichtiges Prinzip unseres wirtschaftlichen, politischen und auch persönlichen Lebens platzen und bietet neue Horizonte an: „Ich will diesem letzten geben wie dir..."

Aber noch ein weiteres gilt es zu bedenken. Für die Hörer und Hörerinnen damals war nicht nur die Erzählung als ganze hintergründig; das Gleichnis läßt einzelne Motive anklingen, die den Leuten sehr vertraut waren. So war schon die Erwähnung eines Weinbergs etwas Besonderes. Im Alten Testament wird der Weinberg nicht selten als Bild für das auserwählte Volk gebraucht. Man denke hier nur an das berühmte Weinberglied in Jesaja 5, das am Schluß (Vers 7) die Bilder deutlich macht: „Der Weinberg des Herrn Zebaot ist das Haus Israel, und die Leute von Juda sind seine Lieblingspflanzung..." Wenn Jesus sein Tun mit dem Weinberg in Zusammenhang bringt, mit der Lieblingspflanzung Gottes, und wenn Jesus mit seinem Gleichnis, aber auch mit seinem Tun und Wirken deutlich macht, daß hier ganz andere Prinzipien gelten, als wir es gewohnt sind, dann kann man zu Recht sagen, Jesus verstehe sich als Sachwalter Gottes.

In unserem Gleichnis werden die *Zuhörerinnen und Zuhörer* pädagogisch besonders geschickt abgeholt: sie erhalten im Gleichnis weiten Raum. „Verschränkung" nennt man das. Die Zuhörerinnen und Zuhörer bekommen sogar einen Sprecher, in dem sie sich selbst ausdrücken und ihren Unmut loswerden können. Denn das Denken der Ganz-Tag-Arbeiter ist im Grunde genommen auch das Denken der Zuhörerinnen und Zuhörer. Es ist das ganz normale Denken, in welchem alle Menschen verhaftet sind: Gott ist doch gerecht; und wenn er wirklich gerecht sein will, muß er doch so und so handeln; anders geht es nicht.

Sehen wir gut zu. Das Gerechtigkeitsempfinden der Zuhörerinnen und Zuhörer soll nicht einfach über Bord geworfen werden. Es will im Gleichnis nicht gesagt sein, im Reich Gottes gebe es keine Gerechtigkeit. Reich Gottes hat mit Willkür nichts zu tun. Das Gleichnis kommt den Zuhörerinnen und Zuhörern dadurch entgegen, daß es mit ihnen argumentiert, daß es versucht, sie aus ihrer Befangenheit herauszubringen, daß es versucht, ihren engen Horizont zu sprengen. Es wird ihnen gesagt,

daß niemandem ein Unrecht geschieht;

daß Gott tun kann, was er will, weil das, was er will, Güte ist;

daß das „Gerechtigkeits"-Denken und -Empfinden gesprengt werden muß durch die nicht mehr hinterfragbare Güte.

Durch den Hinweis auf die Güte wird nun umgekehrt das Gerechtigkeitsempfinden des Hörers oder der Hörerin in Frage gestellt: Ist es wirklich die wahre Gerechtigkeit, auf die ich mich immer wieder berufe?

Das Gleichnis geht also darauf aus, die Zuhörerinnen und Zuhörer zu ändern, und zwar dadurch, daß es für ein neues Verständnis wirbt. Und das Gleichnis kommt dann an, wenn der Zuhörer oder die Zuhörerin zur Argumentation und Lebenseinstellung des Weinbergbesitzers ja sagt und sich entsprechend auf den Weg macht.

Wir können uns jetzt fragen, welches denn die *historische Situation* gewesen sein könnte, in welche dieses

54

Gleichnis hineingesprochen wurde, das heißt, wir können uns nach den Adressaten fragen, zu denen Jesus das Gleichnis gesprochen haben mag, nach ihren Fragen und Problemen, nach ihren Bedenken und Schwierigkeiten.

Ich denke mir, es handelt sich um Leute, die einen religiösen Anspruch geltend machen können, sich nun aber (von Jesus) betrogen oder übergangen vorkommen, Menschen, die Verdienste geltend machen können und nun feststellen müssen, daß andere in den Besitz des Lohnes kommen.

Das können beispielsweise *Pharisäer* sein, die sich vom Verhalten Jesu überrundet sehen. Sie sind doch die Gerechten. Sie sind es doch, die Tag und Nacht über das Gesetz gebeugt sind, un zu erforschen, was denn der Wille Gottes sei. Sie sind es doch, die fasten und beten und Almosen geben. Sie sind es doch, die ihre ganze Zeit dafür aufwenden, dem einfachen Volk die Gebote auszulegen. Sie sind doch die Wahrer der Religion. Und nun kommt Jesus, und er beschäftigt sich an erster Stelle gar nicht mit ihnen, ja spricht sich nicht einmal mit ihnen ab. Dieser Jesus ruft nicht sie in die Nachfolge. Er ruft Fischer, Frauen, Kleinbauern, Zöllner. Er ißt mit Sünderinnen und Sündern. Er riskiert es, die Gebote hintanzustellen. Und so jemand will wissen, was Reich Gottes ist? Der hat doch keine Ahnung!

Zu den Adressaten können auch die *Jüngerinnen und Jünger* gehören. Während Monaten sind sie nun schon diesem Jesus gefolgt, haben versucht zu tun, was er ihnen sagte, haben alles verlassen, Familie und Haus und Hof und Beruf. Aber anstatt daß er sich mit ihnen beschäftigt und dafür sorgt, daß sie jetzt endlich etwas für ihren Einsatz und ihre Mühen bekommen, bleibt Jesus bei Kindern stehen (Mk 10,13–16), bei Frauen (Lk 10,38–42), sind ihm die heidnische Frau und ihre Tochter wichtiger als alles andere (Mk 7,24–30). Da stimmt doch etwas nicht! Das ist doch nicht gerecht!

Zu den Adressaten des Gleichnisses könnten aber auch die *Zöllner und die Sünder* selbst gehören, die von der Öffentlichkeit ausgestoßen waren und für sich selbst keine Chance mehr sahen, weder bei den Menschen noch bei Gott. Ein Zöllner z. B. konnte aus seiner Situation überhaupt nicht mehr herauskommen. Mit dem besten Willen konnte er keine Verdienste, keine Leistungen vorweisen; er konnte keinen Lohn erwarten, weder in diesem noch im zukünftigen Leben. Auch für solche Menschen, auch für die Zöllner und die Huren war und ist es ja wichtig, daß ihr Leistungs-Lohn-Denken gesprengt wird, in das sie (von anderen) immer wieder gedrängt wurden.

Einladung zum Mitspielen

Das Leistungs-Lohn-Denken gilt auch *heute* noch als Prinzip, ohne das wir nicht auskommen. Es gilt nicht nur in der Wirtschaft, es gilt auch in der Schule. Es wirkt sogar in die intimsten Beziehungen der Familie und Freundschaft hinein: Leistung wird belohnt; Nichtleistung wird nicht belohnt, bzw. sie wird bestraft. Das Geschenk, das ich bekomme, betrachte ich als Leistung, die ich entsprechend honorieren muß. Und umgekehrt: Wenn ich jemandem etwas Gutes tue, leite ich daraus einen Anspruch ab: ich habe dir Gutes getan, also darf ich erwarten, daß du . . .

Dementsprechend gibt es auch religiöse Ansprüche. Ich habe andern Gutes getan, ich habe mich für die Armen eingesetzt, ich habe der Caritas eine beträchtliche Summe zukommen lassen, ich habe mir jeden Abend Zeit zum Gebet genommen: also steht mir etwas zu. Auf alle Fälle mehr als denjenigen, die nach Gott und der Kirche nicht fragen. Leute, die so argumentieren, sind meistens im Recht; sie wissen genau, was wahr und was falsch, was gut und was böse ist. Es sind Leute, die Gott und die Kirche für sich gepachtet haben. Leute, die wissen, wer dazugehört und wer nicht. Leute, die aufbegehren, wenn Nichteingeweihte sich zu religiösen Fragen zu Wort melden. Leute, die nicht erlauben, daß nun auch noch der letzte Mensch in religiösen Belangen mitmischen will. Leute, die Gott nicht teilen wollen, die ihn eingebettet haben in die eigenen Vorstellungen von Recht und Gerechtigkeit. Leute, die genau wissen, was (für andere) der Wille Gottes ist.

Das Gleichnis wirkt nicht frontal, sondern werbend. Es möchte den Menschen helfen, aus ihrer Befangenheit herauszukommen. Es möchte die Menschen einladen, im Gleichnis mitzuspielen, um sich selbst und die andern besser zu verstehen.

Das gilt auch für die Menschen, die sich außerhalb oder am Rande der Kirche und der Gesellschaft sehen, weil sie nichts vorzuweisen haben oder weil andere sich darin so breit machen, daß sonst niemand mehr Platz finden kann. Auch für diejenigen, die sich als der letzte Dreck vorkommen und meinen, sie könnten in der Kirche oder in religiösen Fragen doch nichts ausrichten, auch für solche Leute ist dieses Gleichnis gesagt.

Verstehen wir recht: Es geht Jesus nicht darum, die Ersten zu Letzten zu machen. (Das hat dann später Matthäus so verstanden – vgl. Vers 16.) Jesus möchte alle zu Ersten machen.

Das Gleichnis sagt nichts darüber, ob sich die Arbeiter durch die Überlegungen des Weinbergbesitzers überzeugen ließen. An der Stelle der Arbeiter stehen jetzt wir. Wir haben uns zu entscheiden, ob wir dem Gutsbesitzer beipflichten wollen oder nicht, ob wir uns seinem Denken und Handeln anschließen wollen oder nicht. Wir haben uns zu entscheiden, ob wir unseren engen Horizont verlassen oder ob wir auf unseren Ansprüchen weiterhin beharren wollen. Wir haben uns zu entscheiden, ob wir das Angebot annehmen, aus unserem engen Urteil, aus unserer engen Behausung herauszukommen, oder ob wir weiterhin auf unsere sogenannte Gerechtigkeit pochen wollen.

Auf der Seite der Letzten

Und jedesmal, wenn wir dieses Gleichnis hören oder lesen, sind wir erneut vor dieses Angebot gestellt, werden wir erneut vom Gutsbesitzer umworben. Möge doch jedesmal, wenn wir dieses Gleichnis lesen, unser Protest in sich zusammenbrechen. Mögen wir doch jedesmal, wenn wir dieses Gleichnis lesen, uns neu auf den Standpunkt des Erbarmens und der Güte wagen und uns auf die neue Gerechtigkeit einlassen. Möge es uns doch immer mehr gelingen, unseren Gott, den wir so sehr für uns vereinnahmen, mit denen zu teilen, von denen wir meinen, sie hätten kein Anrecht auf ihn. Möge unser Herz immer mehr überwunden werden von der großen Güte und dem großen Erbarmen, das Gott für alle bereithält.

Und ein Letztes. Lassen wir uns Zeit. So diskret und so geduldig, wie der Gutsbesitzer mit den Arbeitern der ersten Stunde umgeht, sollten auch wir miteinander umgehen. Viele von uns werden noch lange nicht einsehen, wie neu und anders die Welt sein wird, wenn wir das Denken und Handeln des Gutsbesitzers zu unserem machen. Viele von uns werden weiterhin Mühe haben zu erkennen, daß der Standpunkt des Erbarmens große Folgen hat – für die Kirche wie für die Gesellschaft. Wir werden weiterhin zuerst für uns sorgen, für unsere vermeintliche Wohlfahrt, für unsere Sicherheit, für unser Gedeihen. Seien wir geduldig miteinander und hüten wir uns, uns gegenseitig mit religiösen Argumenten zu erschlagen. Das dürfen wir uns merken: Gott macht sich nicht zum Anwalt der Fleißigen, der Gerechten und der Ordentlichen, sondern er stellt sich auf die Seite der Letzten, der Armen und der Unterdrückten, auf die Seite der Heimatlosen und Exilierten, auf die Seite der Drogensüchtigen und Homosexuellen, auf die Seite der Unruhestifter und der Abweichler, auf die Seite der Habenichtse. Wenn wir die Güte Gottes verstehen lernen, der Partei ergreift für diejenigen, die wir schon längst abgeschrieben haben, dann wird unser religiöses und kirchliches Leben, ja selbst unser gesellschaftliches und politisches Leben interessanter und spannender. Dann können wir unsere ausgetretenen Wege und Bahnen verlassen und neue Pfade beschreiten: Wenn wir diesem ganz Neuen, diesem Unverrechenbaren, diesem Unverwechselbaren Rechnung tragen: dem Erbarmen Gottes, das größer ist als unser Denken, größer auch als unser Herz.

DER PARTEIISCHE GOTT
(Lk 18,10–14a)

Die Erzählung vom Pharisäer und vom Zöllner ist uns schon lange bekannt. Unsere Erwartungen, ihr noch etwas Neues entnehmen zu können, sind nicht sehr groß. Gerade deshalb ist es wichtig, daß wir die Dinge möglichst nüchtern angehen. Nur soviel sei von vornherein verraten: Wenn wir geduldig genug lesen, wird uns die Erzählung etwas vom Geheimnis Gottes preisgeben. Nicht in dem Sinn, daß wir dann mehr von ihm wissen, sondern in dem Sinn, daß wir ermutigt werden, dieses Geheimnis anzubeten.

Der Pharisäer

Zwei Gestalten werden vorgeführt. In der damaligen Umwelt waren sie sattsam bekannt. Da ist einmal der *Pharisäer*. Die Pharisäer – das kann nicht genug betont werden – waren besser als der Ruf, in den hauptsächlich Christen sie brachten. Tag und Nacht – so heißt es – waren sie über das Gesetz gebeugt, um daraus für jede Lage des menschlichen und täglichen Lebens den Willen Gottes zu erforschen. Und sie waren nicht nur über das Gesetz gebeugt, sie befolgten es auch – oder versuchten wenigstens, es zu befolgen. Unter den damaligen Pharisäern gab es richtige Heilige. Und ihre Art, von Gott zu sprechen, war sehr eindrücklich. Jesus ist, wie ich meine, in seinem Denken und Handeln den Pharisäern nicht nur recht nahe gestanden; er pflegte auch Kontakt mit ihnen und ließ sich von ihnen zum Essen einladen. Man soll von den Pharisäern nicht sagen, sie seien Gesetzesfanatiker gewesen. Gewiß gab es solche unter ihnen. Aber im großen und ganzen waren sie sehr human eingestellt. Das brachte ihnen sowohl von seiten der Leute in Qumran wie auch von seiten der Zeloten den Vorwurf ein, sie nähmen es mit dem Gesetz nicht allzu genau. Man hielt ihnen vor, sie interpretierten die Gebote so lange, bis diese den Menschen paßten. Wohl stellten sich die Pharisäer hinter das Gesetz. Wohl hielten sie dafür, daß alle Gesetze und Gebote befolgt werden müßten. Aber sie waren auch in Sorge, daß die Menschen durch die Gebote überfordert werden könnten. Ihre Überzeugung war, daß die Gebote das Leben menschlicher machen sollten. Das dürfte wohl auch der Grund dafür sein, daß die Pharisäer bei den Leuten, auch gerade bei den einfachen Leuten, in hohem Ansehen standen. An sie konnten sie sich wenden, wenn sie in Schwierigkeiten waren oder wenn sie wissen wollten, wie sie sich in den verschiedenen Situationen ihres Lebens zu entscheiden hatten. Die Pharisäer gaben darüber Auskunft, was zu tun sei, um ein Leben zu führen, das Gott auch wirklich gefällt.

Das Bild, das wir von den Pharisäern haben, ist oft ziemlich negativ. Das kommt nicht von ungefähr; es ist bereits in den Evangelien so angelegt. Von den verschiedenen religiösen Gruppierungen und Parteiungen, die es zur Zeit Jesu gegeben hatte, haben die Pharisäer die Katastrophe vom Jahre 70, den Untergang Jerusalems und des Tempels, am glimpflichsten überstanden. Sie und ihre theologische Richtung sind so zu den eigentlichen und fast einzigen Gesprächspartnern der Christinnen und Christen geworden. Diese hinwiederum sahen in den Pharisäern nicht nur die Gesprächspartner; sie gebrauchten die Pharisäer als eine Art Negativfolie, auf der sie ihren Jesus um so glanzvoller darzustellen vermochten. Die Pharisäer wurden so zum Feindbild der Christen. Und mit den Pharisäern auch

61

das Judentum als solches. Dieser Vorgang hat sich überaus tragisch für Judentum und Christentum ausgewirkt. Jesus hat diese Feindschaft nicht gewollt. Wenn er ein Gleichnis von einem Pharisäer erzählte, wollte er gewiß nicht ein negatives Beispiel bringen, sondern ein positives. Er wußte, daß die Pharisäer im ganzen Lande in hohem Ansehen standen, und er selbst begegnete ihnen mit großer Achtung.

Der Zöllner

Auch was den *Zöllner* anbelangt, sollten wir mit unserem Urteil zurückhaltend sein. Unsere Erzählung sagt nicht, um was für einen Zöllner es sich handelte. Es gab unter den Zöllnern große Kapitalisten, Leute, die Geld genug hatten, von den Römern das Zollwesen einer ganzen Stadt zu pachten und dafür zu sorgen, daß die Zölle eingetrieben wurden. Freilich mußten sie dann zusehen, wie sie aus dem ganzen Unternehmen mehr herauswirtschaften konnten, als sie für die Pacht bezahlt hatten. Das Geld, mit dem sich diese Zöllner bereicherten, knüpften sie den Bauern und den Beduinen ab, die ihre Waren auf den Markt brachten.

Diese Oberzöllner, die meist sehr reich waren und wenn möglich irgendwo eine Villa besaßen, waren auf die Mitarbeit weiterer Leute angewiesen, die an den Ausfallstraßen auf Posten standen und die Händler nach eingeführten Waren untersuchten. Diese Zollangestellten waren nicht selten verkrachte Existenzen, Leute, die sonst nirgends Arbeit fanden und darauf angewiesen waren, diesen sehr unangenehmen Job auszuführen.

So oder so standen die Zöllner damals nicht in bestem Ruf. Im Neuen Testament werden sie ab und zu im gleichen Atemzug mit den Huren und den Sündern genannt. Politisch standen sie im Widerspruch zu den Hoffnungen der jüdischen Bevölkerung, weil sie mit den Fremden und den Unterdrückern, den Römern, zusammenarbeiteten. Wirtschaftlich konnten sie wohl sehr erfolgreich sein, mehr noch aber waren sie gefürchtet und verachtet. Religiös waren sie durch den ständigen Umgang mit den Heiden, mit den Reichen und mit dem Geld derart deklassiert, daß sie vom Synagogengottesdienst ausgeschlossen waren. Und persönlich befanden sie sich in einem großen Zwiespalt: einerseits wußten sie, daß das, was sie taten, Sünde war; andererseits waren sie schon zu sehr vom Reichtum verwöhnt, zu sehr in eine ungerechte Wirtschafts- und Gesellschaftsordnung verwickelt, als daß sie hätten ausbrechen können. Ganz zu schweigen von der persönlichen Vereinsamung, unter der die meisten von ihnen litten: von Kollegen und Gaunern beneidet, von den Frommen im Land verurteilt und verachtet. Zöllner hatten nach gängiger Ansicht weder bei den Menschen noch bei Gott die geringste Chance.

Diese Informationen sind wichtig, wenn wir die Erzählung richtig verstehen wollen. Ebenso wichtig aber ist, gut auf den Text zu achten und genau hinzusehen, wie unterschiedlich die beiden, der Pharisäer und der Zöllner, vorgestellt werden und wie verschieden die Gebete sind, die sie sprechen.

Ein Gleichnis

Zwei Männer gingen hinauf zum Tempel, um zu beten,
der eine ein Pharisäer, der andere ein Zöllner.
Der Pharisäer *stellte sich hin*
und betete folgendermaßen:
Gott,
ich danke dir,

daß ich nicht bin wie die übrigen Menschen,
die Räuber, Betrüger, Ehebrecher
oder auch wie dieser Zöllner da.
Ich faste zweimal in der Woche,
ich verzehnte alles, was ich habe.
Der Zöllner *aber blieb weit weg stehen*
und wagte nicht,
auch nur die Augen
zum Himmel zu erheben,
sondern schlug sich an die Brust,
indem er sagte:
Gott,
sei mir Sünder gnädig.
Ich sage euch: Dieser ging als Gerechter hinab in sein
      Haus
im Gegensatz zu jenem. (Lk 18,10–14a)

Ich bin nicht sicher, ob wir es hier mit einem Gleichnis im eigentlichen Sinn zu tun haben. Die Gleichnisse, die wir bisher besprochen haben, beschreiben einen Vorgang oder erzählen eine Geschichte aus der weltlichen Welt, wenn man so sagen darf: Sie sprechen vom Fasten bei einer Hochzeit, vom Kontrast zwischen dem kleinen Samenkorn und der großen Senfstaude, von der Saat, die aufgeht, ohne daß der Landmann davon weiß, und von einem Gutsbesitzer, der mit seiner Lohnpolitik alles durcheinanderbringt. Die Geschichten weisen über sich hinaus; wir müssen ihren eigentlichen Sinn auf einer anderen Ebene suchen. Auch kommen in den Erzählungen Begriffe vor, die nicht bloß Abziehbilder der Wirklichkeit sind; sie müssen gedeutet werden: Hochzeit ist mehr als Hochzeit; Ernte ist mehr als Ernte usw. Bei der Erzählung vom Pharisäer und vom Zöllner ist es anders. Da steht der Pharisäer für sich, und da steht der Zöllner für sich; die beiden beten im Tempel – was soll daran Hintergründiges sein? Und doch „funktioniert" unsere Erzählung ähnlich wie ein Gleichnis:

Sie hat etwas Gestelltes, spielt mit Kontrasten, gibt Denkanstöße in Form von Rätseln und kreist um ein Geheimnis, von dem offensichtlich nur auf diese Weise gesprochen werden kann.

Achten wir einmal auf die „Strategie" der Erzählung. Der *Pharisäer* wird nur mit kurzen Worten beschrieben: Er stellte sich hin; vielleicht darf man sogar übersetzen: Er stellte sich sichtbar hin. Viel ausführlicher ist die Schilderung des *Zöllners:* Er blieb weit weg stehen und wagte nicht, auch nur die Augen zum Himmel zu erheben, sondern schlug sich an die Brust. Vielleicht sollten wir die beiden Schilderungen nicht allzu sehr bewerten. Der *Pharisäer* hat das Recht, aufrecht zu stehen. Er hat nichts zu verbergen. Er „zeigt sich", wie das Gesetz es auch vorsieht (vgl. Ex 23,17). Der *Zöllner* bleibt weit weg stehen und wagt nicht, die Augen zum Himmel zu erheben, geschweige denn die Hände, wie es doch üblich wäre. Er wird ja auch wissen warum. Wahrscheinlich geht er selten genug zum Tempel. Was hat er da schon zu suchen? Er schlägt an seine Brust. Das ist vielleicht nicht so sehr ein Zeichen besonders großer Frömmigkeit oder Demut, es ist eher ein Zeichen der Verzweiflung. Der Zöllner ist ja wirklich in einer hoffnungslosen Situation. Zur Buße würde doch gehören, daß er sein sündiges Leben, das heißt seinen Beruf, aufgibt. Das würde aber auch heißen, daß er seinen Broterwerb verlieren würde. Daß er, falls er wohlhabend ist, seine Villa veräußern müßte. Oder wenn es ein armer Zöllner ist, würde das Aufgeben seines Berufs bedeuten, daß er und seine Familie hungern müßten. Aber es käme noch etwas anderes dazu. Wer umkehren und Buße tun will, muß auch wiedergutmachen, er muß zurückerstatten, was er unterschlagen oder durch übersetzte Preise sich unrechtmäßig erworben hat. Konkret heißt das: Er muß die ergaunerte Summe plus ein Fünftel davon, das heißt im ganzen 120%, zurückerstatten. Das ist viel. Und wie kann er jetzt – vielleicht nach Monaten und Jahren – noch wissen, wen er betrogen hat? Nein, die Lage des Zöllners *ist* wirklich verzweifelt.

Am Gebet kann es nicht liegen

Wie steht es denn mit dem *Gebet* der beiden? Auch hier sollten wir nicht voreilig so urteilen, als ob der Pharisäer ein besonders schlechtes, der Zöllner aber ein besonders gutes Gebet gesprochen hätte.

Der *Pharisäer* betet so: „Gott, ich danke dir, daß ich nicht bin wie die übrigen Menschen, die Räuber, Betrüger, Ehebrecher, oder wie dieser Zöllner da. Ich faste zweimal in der Woche, ich verzehnte alles, was ich erwerbe." Der Pharisäer betet, wie er es gelernt hat, gelernt hat in den Psalmen, die wir noch heute beten. So heißt es im Psalm 26, der in unserem Stundengebet seinen festen Platz hat und den vor dem Konzil jeder Priester zusammen mit den Ministranten zu Beginn einer jeden Meßfeier gebetet hat:

Schaffe mir Recht, o Gott,
denn gewandelt bin ich in Unschuld,
und ohne Wanken habe ich auf Gott vertraut.
Prüfe mich, o Gott, und durchforsche mich,
erprobe mich auf Nieren und Herz.
Denn vor Augen habe ich deine Güte,
in deiner Wahrheit wandle ich.
Ich sitze nicht bei Menschen, die Unrecht tun,
mit den Trugvollen habe ich keine Gemeinschaft.
Ich hasse die Versammlung der Frevler,
bei den Gottlosen weile ich nicht.
Ich wasche meine Hände in Unschuld,
und ich schreite um deinen Altar . . . (Ps 26,1–6)

Sehen wir uns das Gebet näher an. Der Pharisäer

dankt. So beginnt sein Gebet: Gott, ich danke dir. Er dankt für Gottes Führung. Und er weiß, daß er sein „Bessersein" Gott verdankt.

So betete man zu seiner Zeit ganz allgemein. In einem Hymnus, den man in Qumran gefunden hat, heißt es:

Ich preise dich, Herr,
daß du mein Los nicht hast fallen lassen
in die nichtige Gemeinschaft
und mein Teil nicht gesetzt hast
in den Kreis derer, die im Verborgenen sind.
(1QH 7,34)

Es könnten noch mehrere solcher Beispiele aufgezählt werden. Übrigens: Sind wir Gott nicht auch dankbar dafür, daß wir nicht im Gefängnis sitzen? Haben wir nicht Grund zu danken, daß wir nicht einen Beruf ausüben müssen, bei dem wir täglich Anteil nehmen oder nehmen müssen am Unrecht, das anderen geschieht? Ich denke beispielsweise an Waffenfabriken, an Beteiligungen am Drogengeschäft usw. Dürfen wir denn nicht Gott danken, daß wir besser dran sind als viele andere Menschen? Durch unseren Dank geben wir ja zu, daß das nicht unser Verdienst ist. Nein, am Gebet des Pharisäers ist eigentlich nichts auszusetzen.

Und wie steht es mit dem Gebet des *Zöllners*? Gewiß, es ist ein wunderbares Gebet und paßt haargenau in die verzweifelte Situation des Zöllners; etwas anderes als das Erbarmen Gottes wird ihm ja nicht helfen können – wenn überhaupt. Und doch: So sehr originell ist dieses Gebet auch wieder nicht. In den Psalmen kommt es x-mal vor. Denken wir z. B. an den Psalm 51; er ist ebenfalls ein fester Bestandteil unseres Stundengebets, ein Psalm auch, der ganz besonders von unserer Buß- und Fastenzeit kaum mehr wegzudenken ist. Und Tausende von frommen Juden – sicher auch unser Pharisäer – werden dieses Gebet immer wieder gebetet haben:

Erbarme dich meiner, o Gott,
der du barmherzig und gnädig;
nach dem Übermaß deiner Gnade
lösche aus meine Schuld . . . (Ps 50,3)

Nein, Pharisäer bleibt Pharisäer, und Zöllner bleibt Zöllner. Es ist nicht so, daß der Pharisäer vor Gott eine schlechtere Haltung einnehmen würde als der Zöllner. Und es ist nicht so, daß der Pharisäer ein weniger ernstes Gebet sprechen würde als der Zöllner. Und umgekehrt: Es ist nicht so, daß der Zöllner nun durch sein Gebet ein Heiliger geworden wäre.

Die bohrende Frage

Dann wird die Frage aber äußerst drängend und bohrend: Warum sagt Jesus vom Zöllner, er gehe gerechtfertigt, das heißt als Gerechter, hinab in sein Haus – im Gegensatz zum Pharisäer?

Genau das ist das Geheimnis, um das es in unserem Gleichnis geht. Ich habe diesem Kapitel den Titel gegeben „Der parteiische Gott". Parteiisch ist er wirklich. Er ergreift Partei für den Zöllner, für den Halunken, für den Abgeschriebenen, für den Chancenlosen, und läßt den Frommen, den Gerechten, den Heiligen im Regen stehen.

Das soll einer verstehen. Das soll mir jemand erklären. Ich sage es offen: Ich komme da nicht mehr mit. Aber ich würde eine schlechte Auslegung des Textes betreiben, wenn ich ihn so interpretieren würde, daß es mir leichter fiele, ihn zu verstehen.

Gott ist parteiisch. Er ergreift Partei für Leute, für die wir nie Partei ergreifen würden. Er urteilt völlig anders als wir. Und zwar auf eine geradezu unverständliche, ja skandalöse Art und Weise anders.

Jesus wird erwartet haben, daß wir uns schwertun,

das Urteil Gottes über diese beiden Menschen zu verstehen. Darum hat er in seinem Gleichnis einen ganz raffinierten Kniff angewendet. Er möchte doch, daß wir einstimmen in das Urteil Gottes: „Dieser, also der Zöllner, ging als Gerechter hinab in sein Haus im Gegensatz zu jenem, das heißt zum Pharisäer." Jesus liegt sehr viel dran, daß wir dieses Urteil Gottes gutheißen, daß wir hier zu einer gleichen Meinung und zu einer gleichen Einstellung wie Gott kommen. Und darum hat er ganz unbemerkt und unaufdringlich einige kleine Hilfen angeboten.

Hilfestellungen

Diese kleinen Hilfestellungen bestehen darin, daß er, fast ohne daß man es aufzuzeigen vermag, den Zöllner doch ein klein bißchen sympathischer zeichnet als den Pharisäer. Der Zöllner hatte das ja auch nötig, stand er doch bei seinen Mitmenschen in keinem guten Ruf. Und noch ein weiteres tut Jesus: Ohne dem Pharisäer allzu nahezutreten oder ihn gar schlechtzumachen – das kann und will Jesus nicht –, zeichnet er den Pharisäer im Gleichnis ein ganz klein wenig unsympathischer als den Zöllner. Wie Jesus das tut, geht aus der *Gliederung* des Textes gut hervor: Der *Pharisäer* wird nur kurz eingeführt, spricht aber ein langes Gebet. (Sagen wir: ein verhältnismäßig langes Gebet; die meisten Psalmen sind viel länger.) Langredner haben bei den Zuhörerinnen und Zuhörern weniger große Chancen als diejenigen, die sich kurz fassen. Dadurch, daß der *Zöllner* nur ein kurzes Stoßgebet hinsagt, wirkt er gegenüber dem Pharisäer ganz einfach sympathischer.

Aber auch *wie* die beiden auftreten oder geschildert werden, läßt unsere Sympathien sich eher auf die Seite des Zöllners neigen als auf die Seite des Pharisäers.

Beim *Pharisäer* stört es uns ein bißchen, daß er sich so „hinstellt". Ganz besonders, wenn wir ihn mit dem *Zöllner* vergleichen. Diejenigen, die sich selbst zurücknehmen, haben bei den Zuhörerinnen und Zuhörern eine größere Chance als diejenigen, die sich sichtbar, fast hätte ich gesagt: breitspurig, hinstellen.

Was uns dann beim *Gebet* des Pharisäers ein bißchen stört, ist das „wie dieser Zöllner da". Das hätte er doch lieber nicht sagen sollen.

Die Art der Schilderung dieser beider Gestalten hat eigentlich nur dieses im Sinn: uns die Zustimmung zum Urteil Gottes zu erleichtern. Denn es ist sehr schwer, das Urteil Gottes zu akzeptieren, und noch viel schwerer ist es, dieses Urteil zu unserem eigenen zu machen. Denn soviel ist klar: Unser Einverständnis zu diesem Urteil können wir nur geben, wenn wir radikal umkehren und auch für unser eigenes Leben als letzte Instanz Gott gelten lassen. Und das gilt nicht nur für die Beurteilung unseres eigenen Lebens, es gilt auch für die Beurteilung des Lebens unserer Mitmenschen.

Durch dieses Gleichnis gewitzigt, komme ich mehr und mehr zu der Überzeugung, daß wir in der Beurteilung unser selbst, aber auch in der Beurteilung anderer sehr oft falsch liegen. Das ist einenteils sehr ärgerlich: daß wir nicht wissen, woran wir sind und daß wir nicht urteilen können – weder über uns selbst noch über andere. Anderenteils führt es uns aber in eine große Freiheit und lädt uns zu einem unerschütterlichen Vertrauen ein: Die Urteile Gottes sind gerecht (Ps 19,10; 119,137); wir brauchen uns darum nicht zu kümmern; wir brauchen keine Angst zu haben.

Aber vor einem Geheimnis stehen wir doch. Vielleicht vor *dem* Geheimnis. Wenn es nicht so wäre, bräuchte es keinen Glauben und auch kein Vertrauen. Wir bräuchten auch kein Gleichnis. Aber was sollen wir jetzt mit diesem Gleichnis tun? Wie mit ihm leben?

Die Antwort des Schweigens

Wir können es in unserem Herzen erwägen: „Wer bist du, Gott, daß du so urteilst? Daß du dich auf die Seite des Verlorenen stellst, auf die Seite des Gauners, des Sünders, auf die Seite des Abgeschriebenen? Was ist es, das dich so ganz anders urteilen läßt?"

Und dann sollten wir wohl besser schweigen. Vielleicht sollten jetzt in diesem Büchlein ein paar leere Seiten folgen ...

Darf ich hier nun aber doch eine ganz persönliche Erfahrung zu Papier bringen? Letztes Jahr habe ich Exerzitien gemacht. Ganz allein. In einem Kloster. Ich hatte mich gut auf die Exerzitien vorbereitet. Ich hatte mir Themen notiert, mit denen ich mich besonders auseinandersetzen, Probleme, denen ich mich stellen wollte. Und dann wollte ich unbedingt das eine oder andere Kapitel aus Karl Rahners Ignatianischen Exerzitien durchmeditieren. Und sicher sollte auch die Bibel, meine ständige Begleiterin, mit dabeisein.

Wenn ich mit persönlichen Problemen zu Rande kommen möchte, mache ich ausgedehnte Wanderungen und halte Selbstgespräche, dieses und jenes bedenkend und gegeneinander abwägend. Es sind durchaus Gespräche vor Gott bzw. Gespräche, bei denen Gott auch zu Worte kommen darf und soll. Aber es war eigenartig. Kaum hatte ich einen Satz hingesagt oder hatte versucht, das Problem ins Auge zu fassen, kam mit Macht eine innere Stimme, die mir sehr eindringlich sagte: „Sei doch jetzt endlich still!" Oder: „Mußt du denn immer etwas sagen? Kannst du denn nicht einmal schweigen?" Und als ich dann zurückfragte: „Worüber soll ich denn schweigen?", antwortete mir die Stimme – oder was es auch war: „Einfach nur schweigen." Hie und da humorvoll, hie und da aber auch fast ungeduldig hieß es immer wieder: „Halt endlich die Klappe! Schweig und atme!"

Ich versuchte, mich daran zu halten. Ich öffnete kein einziges Buch, kaum einmal die Bibel. Die Probleme blieben unangetastet. Ich schwieg und atmete und war glücklich wie noch nie. Aber da ich meiner nie so ganz sicher bin, suchte ich in jenem Kloster einen Mönch auf, von dem ich wußte, daß er ein weiser Mann ist. Mit vielen Worten versuchte ich, ihm meine Situation deutlich zu machen. Ich weiß nicht, ob er überrascht war oder ob das, was ich ihm schilderte, für ihn eine Selbstverständlichkeit war. Er sagte mir: „Es gibt Probleme, die geht man nicht einfach so an, wie Sie es wollen. Es gibt Probleme, Einsichten, Entscheidungen, die müssen reifen. Übrigens: Wenn Ihnen Ihr Inneres sagt, Sie sollten schweigen, dann sollten Sie wirklich *schweigen.*"

Das lernen wir doch auch bei Liebenden, oder wir haben es selbst schon erfahren: Beim Sichkennenlernen gibt es irgendwo einen Punkt, an dem es nicht mehr weitergeht, an dem es nicht mehr weitergehen kann und nicht mehr weitergehen darf. Wenn wir einen Menschen wirklich kennen und lieben lernen, stoßen wir früher oder später zu einem Bezirk oder zu einem Land vor, das wir nicht betreten können und auch nicht betreten wollen, vor dem wir uns nur noch schweigend verbeugen können. Jedes Wort und jede Bewegung ist dann zuviel und scheint uns indiskret oder gar besitzergreifend. Dieses Land nenne ich gerne das „Geheimnis des Menschen", nicht des Menschen so allgemein und philosophisch, sondern dieses ganz konkreten besonderen Menschen, dieses einmaligen und unverwechselbaren und unvergleichlichen Du.

Ein solches Land, ein solches Geheimnis, etwas so Konkretes und Besonderes, Einmaliges und Unverwechselbares und Unvergleichliches gibt es auch bei Gott. Gott ist nicht allgemein und beliebig; er ist konkret und besonders und einmalig und unverwechselbar. Er hat ein Geheimnis, ja, er ist selbst ein Geheimnis, vor dem wir früher oder später verstummen müssen. Das muß auch der gewiegteste Theologe einsehen und erfahren, wenn er überhaupt Theologe sein will: daß er Gott als Geheimnis nicht zer-reden darf, es sei denn, er werde indiskret und besitzergreifend. Und das wäre das Schrecklichste, was einem Theologen zustoßen könnte: daß er indiskret und besitzergreifend wird.

Der Gott unseres Gleichnisses (eigentlich eines jeden Gleichnisses), der Gott Jesu Christi, ist nicht ein x-beliebiger, nicht ein allgemeiner, nicht ein austauschbarer Gott. Er ist ein unverwechselbares Du, das sein Geheimnis hat. Gerade das macht ihn so liebenswert. Er ist ein Geheimnis, vor dem wir nur verstummen können. Unsere vornehmste Antwort, die wir Gott geben können, ist tatsächlich das Schweigen, das glaubende, vertrauende, liebende Schweigen. Das ist Anbetung.

Übrigens: Ist das Schweigen nicht auch die Sprache Gottes? Wenn wir seine Stimme nicht hören, wenn wir meinen, er sei gar nicht da, wenn wir meinen, er habe uns verlassen: vielleicht ist das sein sehr aufmerksames, glaubendes, vertrauendes, liebendes Schweigen. Könnte es denn nicht sein, daß Gott auch bei uns vor einem Geheimnis steht, das ihn verstummen läßt, weil er uns gegenüber nicht indiskret und besitzergreifend sein will?

Sicher ist: Unser Gleichnis möchte uns zu diesem Schweigen einladen. Und wenn wir dann aus diesem Schweigen wieder herauskommen – wir werden uns selbst und wir werden einander und wir werden gerade die Letzten, die Abgeschriebenen in einem ganz neuen Licht sehen. Und wir werden mit ihnen eine neue Welt aufbauen.

DAS FEST DER VERLORENEN
(Lk 15,11–32)

Ich weiß nicht, zum wievielten Male wir das Gleichnis vom verlorenen Sohn schon gehört oder gelesen haben. Vielleicht ist es eine der ersten Erzählungen, durch die wir im Religionsunterricht mit der Bibel in Kontakt getreten sind. Ich habe nicht den Ehrgeiz, etwas Neues zu dieser Erzählung zu sagen. Ich möchte nur ein wenig bei ihr verweilen.

Auf der Suche nach einem geeigneten Titel

Aufschlußreich sind die verschiedenen Titel, die diesem Gleichnis schon gegeben worden sind. Am geläufigsten ist uns wahrscheinlich der Titel *Das Gleichnis vom verlorenen Sohn.* Aber ist für das Gleichnis der Sohn, der zu Hause geblieben ist, nicht ebenso wichtig? Er ist doch das eigentliche Problemkind. Mit ihm muß sich der Vater am intensivsten auseinandersetzen. Bei dem Sohn, der von zu Hause abgehauen ist, braucht der Vater nicht lange zu argumentieren. Er nimmt ihn einfach in die Arme und veranlaßt, daß ein großes Fest gefeiert wird. Bei dem älteren Sohn liegen die Dinge anders. Der Vater kann ihn nicht einfach in die Arme nehmen. Nicht alle Probleme lassen sich durch eine Umarmung lösen. Der ältere Sohn hat ein echtes Problem. Er hat auch triftige Argumente für sein Verhalten, für seinen Protest. Auf diese Argumente muß der Vater eingehen, will er seinen älteren Sohn ernst nehmen und für sein Anliegen gewinnen.

Wenn man also dem Gleichnis den Titel gibt *Das Gleichnis vom verlorenen Sohn,* kann man das sehr gut, wenn man bei diesem verlorenen Sohn nicht so sehr an den jüngeren, als an den zu Hause gebliebenen älteren Sohn denkt. Aber wahrscheinlich sind die beiden in ihrer Einstellung zum Vater gar nicht so weit voneinander entfernt. Die Unterschiede zwischen den beiden sind gar nicht so groß. Man hat darum das Gleichnis auch schon *Das Gleichnis von den verlorenen Söhnen* genannt.

Aber auch bei diesem Titel bin ich nicht so ganz sicher, ob er gut geeignet ist, das Anliegen des Gleichnisses wiederzugeben. Denn die Hauptfigur des Gleichnisses ist im Grunde genommen weder der jüngere noch der zu Hause gebliebene Sohn. Die Hauptfigur, die alles zusammenhält, ist der Vater. Oft gibt man darum dem Gleichnis auch den Titel *Das Gleichnis vom barmherzigen Vater*.

Noch andere Vorschläge sind gemacht worden. Das große Problem des Gleichnisses besteht darin, daß der Vater für den jüngeren Sohn ein Fest organisiert, an dem der zu Hause gebliebene Sohn nicht teilnehmen will, und daß der Vater nun seine ganze „Überzeugungskunst" aufbieten muß, um den älteren Sohn zum Mitmachen zu bewegen. Soll man der Geschichte nicht lieber den Titel geben *Einladung zum Fest*?

Ich denke, daß all die aufgezählten Titel etwas Richtiges an unserem Gleichnis aufzeigen. Andererseits führt aber auch jeder Titel in eine gewisse Enge. Denn Titel verführen leicht dazu, eine Erzählung nur von einem ganz bestimmten Blickwinkel aus zu betrachten.

Wenn wir jetzt die Erzählung noch einmal – zum wievielten Mal wohl? – lesen, tun wir gut daran, ganz besonders auf den Standpunkt des älteren Sohnes zu achten. Ich lasse mich nämlich nicht davon abbringen zu vermuten, daß das Problem bei dem älteren Sohn liegt. Und die Geschichte ist erzählt worden, weil Jesus der Meinung war, daß seine Zuhörerinnen und Zuhörer sehr ähnlich dachten wie der zu Hause gebliebene Sohn.

Das Gleichnis

Ein Mann hatte zwei Söhne. Der jüngere von ihnen sagte zu seinem Vater: Vater, gib mir das Erbteil, das mir zusteht. Da teilte der Vater das Vermögen auf. Nach wenigen Tagen packte der jüngere Sohn alles zusammen und zog in ein fernes Land. Dort führte er ein zügelloses Leben und verschleuderte sein Vermögen. Als er alles durchgebracht hatte, kam eine große Hungersnot über das Land, und es ging ihm sehr schlecht. Da ging er zu einem Bürger des Landes und drängte sich ihm auf; der schickte ihn aufs Feld zum Schweinehüten. Er hätte gern seinen Hunger mit den Futterschoten gestillt, die die Schweine fraßen; aber niemand gab ihm davon. Da ging er in sich und sagte: Wie viele Tagelöhner meines Vaters haben mehr als genug zu essen, und ich komme hier vor Hunger um. Ich will aufbrechen und zu meinem Vater gehen und zu ihm sagen: Vater, ich habe mich gegen den Himmel und gegen dich versündigt. Ich bin nicht mehr wert, dein Sohn zu sein; mach mich zu einem deiner Tagelöhner. Dann brach er auf und ging zu seinem Vater.

Der Vater sah ihn schon von weitem kommen, und er hatte Mitleid mit ihm. Er lief dem Sohn entgegen, fiel ihm um den Hals und küßte ihn. Da sagte der Sohn: Vater, ich habe mich gegen den Himmel und gegen dich versündigt; ich bin nicht mehr wert, dein Sohn zu sein. Der Vater aber sagte zu seinen Knechten: Holt schnell das beste Gewand, und zieht es ihm an, steckt ihm einen Ring an die Hand, und zieht ihm Schuhe an. Bringt das Mastkalb her, und schlachtet es; wir wollen essen und fröhlich sein. Denn mein Sohn war tot und lebt wieder; er

war verloren und ist wiedergefunden worden. Und sie be-
gannen, ein fröhliches Fest zu feiern.

Sein älterer Sohn war unterdessen auf dem Feld. Als
er heimging und in die Nähe des Hauses kam, hörte er
Musik und Tanz. Da rief er einen der Knechte und frag-
te, was das bedeuten solle. Der Knecht antwortete: Dein
Bruder ist gekommen, und dein Vater hat das Mastkalb
schlachten lassen, weil er ihn heil und gesund wiederbe-
kommen hat. Da wurde er zornig und wollte nicht hinein-
gehen. Sein Vater aber kam heraus und redete ihm gut
zu. Doch er erwiderte dem Vater: So viele Jahre schon
diene ich dir, und nie habe ich gegen deinen Willen ge-
handelt; mir aber hast du nie auch nur einen Ziegenbock
geschenkt, damit ich mit meinen Freunden ein Fest feiern
konnte. Kaum aber ist der hier gekommen, dein Sohn,
der dein Vermögen mit Dirnen durchgebracht hat, da
hast du für ihn das Mastkalb geschlachtet. Der Vater
antwortete ihm: Mein Kind, du bist immer bei mir, und
alles, was mein ist, ist auch dein. Aber jetzt müssen wir
uns doch freuen und ein Fest feiern; denn dein Bruder
war tot und lebt wieder; er war verloren und ist wiederge-
funden worden. (Lk 15,11–32)

Der jüngere Sohn

Das Schicksal des *jüngeren Sohnes* ist gewissermaßen
nur die Vorgeschichte. Es lohnt sich aber trotzdem, ihr
noch einmal etwas näher nachzugehen.

Der jüngere Sohn, der das väterliche Haus verlassen
hat, ist ziemlich tief gefallen. Ich meine das nicht nur
deswegen, weil er in dem fernen Land ein „zügelloses
Leben" führte; wenn ein Jude – und das ist hier wohl
vorausgesetzt – genötigt ist, Schweine zu hüten, dann ist
da etwas geschehen, das wir uns schlimmer und tragi-
scher kaum vorstellen können.

Aber jetzt ist gut hinzusehen, warum sich der Sohn zum Vater aufgemacht hat. Immer wieder sagt man, der Sohn habe sich bekehrt. In der Erzählung heißt es aber nur, er sei in sich gegangen. Das heißt lediglich, daß er seine Lage überdacht und dann die Schlüsse gezogen hat. Der Grund, weswegen er sich zum Vater aufmachte, besteht nicht darin, daß er eine besondere Sehnsucht nach dem Vater gehabt hätte. Es wird auch nicht gesagt, daß der Sohn über das, was er getan hat, eine besondere Reue empfunden hätte. Den Grund, weswegen der Sohn sich aufgemacht hat, um zum Vater heimzukehren, spricht er selbst aus, wenn er zu sich sagt: „Die Tagelöhner meines Vaters haben mehr als genug zu essen, und ich komme hier vor Hunger um." Nicht Reue, nicht Sehnsucht nach dem Vater hat den Sohn dazu getrieben, sich zum Vater aufzumachen, sondern der leere Magen. Der Sohn wollte nach Hause zurück, weil er nichts mehr zu essen hatte. Man soll die Dinge nicht beschönigen. Die Umkehr des Sohnes, so wichtig sie auch ist, war eine Umkehr innerhalb seiner kleinen Welt. *Diese* Umkehr wird nicht viel verändern. Gewiß, der Sohn wird wieder genug zu essen haben. Aber ansonsten wird sich nichts ändern. Nach ein paar Wochen wird er sich zu Hause wieder langweilen, und wieder wird er versucht sein abzuhauen.

Typisch ist auch das „Reuegebet", das sich der Sohn zurechtlegt. Er sagt es erst einmal vor sich selber her: „Vater, ich habe mich gegen den Himmel und gegen dich versündigt. Ich bin nicht mehr wert, dein Sohn zu sein; mach mich zu einem deiner Tagelöhner."

So stellt sich der Sohn seinen Vater vor. Der Vater wird nach der Meinung des Sohnes so reagieren, wie er selber reagieren würde, wenn er an der Stelle des Vaters stünde. Es ist ein schrecklich kleinliches Vaterbild, das dieser Sohn in sich trägt. Der Vater als die Projektion des besseren Ichs. Wenn ich an der Stelle des Vaters wäre, würde ich versuchen, ein guter Vater zu sein; ich würde so und so handeln.

Und dann kommt die große Überraschung.

Es kommt gar nicht dazu, daß der Sohn den Vater aufsuchen muß. Der Vater scheint immer schon auf ihn gewartet zu haben. Und kaum sieht er den Sohn, eilt er ihm auch schon entgegen. Etwas Außergewöhnliches für die damaligen Verhältnisse. Eigentlich ist der Vater doch ein Patriarch, eine Respektsperson, der Chef des ganzen Clans. Aber nicht so in unserem Gleichnis. Der Vater vergißt sich. Er eilt auf den Sohn zu, von Mitleid bewegt – wie es heißt. Und nicht nur das. Er fällt dem Sohn um den Hals und küßt ihn. Und wenn dann der Sohn damit beginnt, sein Reuegebet herzusagen, das er sich zurechtgelegt hat, läßt ihn der Vater gar nicht ausreden. Er gibt bereits die Anweisungen für ein großes Fest. Das beste Kleid muß her. Ein Ring muß an den Finger. Das heißt, der Sohn wird wieder völlig in die Rechte des Sohnes eingesetzt. Das Mastkalb muß geschlachtet werden. Jede besser situierte Familie hatte für den Fall, daß wichtige Gäste kommen, ein Mastkalb bereit. Und dieser Fall tritt jetzt ein. Es wird ein großes Fest angekündigt: „Wir wollen essen und fröhlich sein." Und der Vater gibt auch die Begründung: „Mein Sohn war tot und lebt wieder; er war verloren und ist wiedergefunden worden." Und sie beginnen, ein fröhliches Fest zu feiern.

Ja, was will man da machen!? Dem Sohn verschlägt es den Atem. Jedes Wort ist jetzt zu viel. Aber auch die Hörerinnen und Hörer, die Leserinnen und Leser sind machtlos. Es brauchen keine längeren Erklärungen mehr abgegeben zu werden. Man ist heilfroh, daß alles wieder mal gut ausgegangen ist. Wer wollte bei einem solchen Fest nicht mitmachen? Wer wäre nicht glücklich über das Happy-End?

Der ältere Sohn

Aber da ist noch etwas Wichtiges zu erledigen. Wir haben jetzt nämlich den *älteren Sohn* ein wenig aus den Augen verloren. Er kommt von der Arbeit nach Hause und vernimmt Musik und Tanz. Er fragt einen Diener, was da los sei, und der gibt ihm die Erklärung: „Dein Bruder ist zurückgekommen, und dein Vater hat das Mastkalb schlachten lassen." Und er gibt auch bereits die richtige Begründung: „Weil er ihn heil und gesund wiederbekommen hat."

Die Hörerinnen und Leser sind jetzt gespannt, wie der Sohn reagieren wird. Er reagiert anders als der Vater. Und es ist jetzt äußerst wichtig, daß wir nicht eilig den Stab über diesen älteren Sohn brechen. Er *kann* einfach nicht. Und zwar nicht deswegen, weil er neidisch wäre. Auch nicht, weil er in seinem Bruder einen Konkurrenten sähe. Auch nicht, weil er selbstgerecht oder lieblos wäre. Dem Erzähler liegt sehr viel daran, daß die Hörerinnen und Hörer, die Leserinnen und Leser die Begründungen des Sohnes ernst nehmen und nicht vorschnell urteilend über ihn herfallen. Denn im älteren Sohn können sie sich selbst verstehen lernen. Das ist der Grund, warum der Erzähler den älteren Sohn so ausgiebig zu Worte kommen läßt. „All die Jahre habe ich wie ein Sklave für dich geschuftet. Nie war ich dir ungehorsam. Was habe ich dafür bekommen? Mir hast du nie auch nur einen Ziegenbock gegeben, damit ich mit meinen Freunden feiern konnte."

Ich meine, das sollte man doch verstehen. Der Sohn kommt sich ganz einfach geprellt vor. Jeden Tag war er pünktlich bei der Arbeit. Ohne Widerrede tat er, was zu tun war. Nie brauchte sich der Vater über ihn zu beklagen. Der Vater muß das auch indirekt zugeben; auf alle Fälle macht er ihm keinen Vorwurf. Er sagt ihm aber auch nicht: „Warum hast du so viel gearbeitet? Du hättest dir das Leben gemütlicher gestalten können." Nein, ich verstehe das Unbehagen und die Verärgerung des älteren Sohnes sehr gut. Unentwegt hat er den Karren gezogen, aber nie ist das auf besondere Weise anerkannt worden; auf dem Hof herrschte eine einzige gähnende Langeweile. Aber jetzt, jetzt kommt dieser andere da zurück, und schon gibt es ein großes Fest. Ist das nicht unverhältnismäßig und übertrieben?

Freilich, die Art und Weise, wie der ältere Sohn argumentiert, gefällt mir auch nicht so recht. Er sagt nämlich: „Dieser da, dein Sohn" – bezeichnenderweise spricht er nicht von „meinem Bruder" – „dieser da, dein Sohn, hat dein Geld mit Dirnen durchgebracht." Das hätte er nicht sagen sollen. Der Erzähler, der vom Schicksal des jüngeren Sohnes berichtet, erwähnt Dirnen mit keinem einzigen Wort. Woher weiß denn der zu Hause gebliebene Sohn, was der jüngere in fernen Landen getrieben hat? (Pikanterweise kommt es auch sonst nicht selten vor, daß Ausrutscher der Jüngeren gerne mit dem sechsten Gebot in Zusammenhang gebracht werden. Kommen hier vielleicht eigene uneingestandene Wünsche zum Vorschein? Aber lassen wir das.)

Unser Platz im Gleichnis

Der ältere Sohn bringt sein Unbehagen zum Ausdruck. Und im großen und ganzen muß ich ihm recht geben. Leute, die sich gut einstellen, Leute, die täglich ihre Pflicht tun, Leute, die nie zu einem Tadel Anlaß geben: sie werden für ihr Wohlverhalten, für ihre Loyalität eigentlich nur schlecht belohnt. Aber dann braucht nur so ein Halbwüchsiger, der noch nie etwas Vernünftiges geleistet hat, ein paar Schaufenster einzuschlagen, und schon interessiert sich die ganze Welt für ihn. Die, die pflichtbewußt und unauffällig ihre Arbeit tun, kommen immer am schlechtesten weg. Von ihnen spricht niemand. War denn schon einmal im Parlament von all den Tausenden von Lehrlingen die Rede, die tagtäglich ganz selbstverständlich zur Arbeit gehen, die anstandslos ihre Gewerbeschule besuchen, die sich ehrlich auf Stellensuche machen? Aber es genügt, daß ein paar Dutzend Chaoten die öffentliche Ruhe stören, Polizisten angreifen, den Verkehr blockieren, und schon werden ganze Abhandlungen, ja ganze Bücher über sie geschrieben. Man stellt dieses Gesindel noch ins Rampenlicht. Man belobigt sie sogar. Man stellt sie als diejenigen hin, die allein die Wirklichkeit richtig einzuschätzen wissen. *Sie* scheinen die Helden unserer Tage zu sein. Die Geprellten sind die, die sich ruhig verhalten und ohne Murren ihre Pflicht tun. Von ihnen spricht niemand. Für sie gibt es keine einzige Schlagzeile in unserer Presse.

Oder ich denke ans Militär. Von all den Tausenden, die jährlich einrücken und anstandslos ihren Dienst absolvieren, sei es in der Rekrutenschule, sei es im Wiederholungskurs, von all denen spricht niemand. Höchstens die jährlich wiederkehrende kleine Notiz, daß so und so viele tausend eingerückt seien. Aber ein paar hundert, die den Dienst verweigern, füllen ganze Spalten, ja ganze Zeitungen. *Sie* sind plötzlich die Tapferen. *Sie* sind plötzlich die, um die sich alle kümmern sollen. Das geht sogar so weit, daß sich Initiativen mit ihnen beschäftigen, so daß sie nur noch mehr Publizität erhalten. Sind da die Gutwilligen nicht die Narren? die Geprellten?

Oder ich denke an die Aussteiger unserer Gesellschaft, die weder mit Politik noch mit Kirche noch mit Militär etwas zu tun haben wollen. Da kann unsereins sich zu Tode schuften, pünktlich seine Steuern zahlen, sich in Politik und Kirche zur Verfügung stellen – spricht etwa jemand von uns? Erhalten wir ein Dankeschön, wenn wir unseren Zivilschutz leisten und unsere Telefonrechnung bezahlen? Diejenigen, von denen man spricht, sind die Aussteiger, Leute, die keine Verantwortung übernehmen wollen, Leute, die sich für nichts interessieren. Als ob für uns das Leben nur Plausch wäre. Ist das alles nicht eine große Ungerechtigkeit?

So geht es doch auch in der Kirche zu. Von denen, die tagtäglich ihren Dienst tun – Priester, Laien, Ordensleute –, die jahrzehntelang der Kirche oder ihrem Beruf oder ihrem Orden die Treue halten, spricht niemand. Vielleicht einmal ein kleines Festchen oder eine kleine Notiz anläßlich eines Jubiläums. Man muß mindestens fünfzig Jahre lang krampfen, bis man Erwähnung findet. Nein, es sind auch hier die „Alternativen", die von sich reden machen, diejenigen, die sich nicht an die Ordnungen halten, weil man es ihnen seelisch angeblich nicht zumuten kann, diejenigen, die immer alles besser wissen wollen, die immer alles verändern wollen, die um jeden Preis modern sein wollen, diejenigen, die dem Papst oder den Bischöfen oder den Oberinnen widersprechen, oder diejenigen, die ihren Beruf oder gar die Kirche verlassen: *sie* sind es doch, von denen man spricht. Werden hier die Dinge nicht völlig auf den Kopf gestellt?

So könnten wir noch lange weiterfahren. Aber sehen wir jetzt gut zu: Ziemlich genau das ist der Protest des älteren Sohnes. In ihm haben wir in der Erzählung einen Sprecher bekommen. Ich sage es ganz offen: Mir tut es auch einmal gut, meinem Ärger Luft zu verschaffen, und ich bin froh, daß mir der zu Hause gebliebene Sohn dabei hilft.

Ich staune, wie gut Jesus, der die Geschichte erzählt, das Denken der Menschen durchschaut. Ich staune auch darüber, wieviel Verständnis Jesus für dieses Denken aufbringt, wenn er den älteren Sohn so lange Erklärungen abgeben läßt. So holt Jesus seine Zuhörerinnen und Zuhörer mit seiner Geschichte dort ab, wo sie sich aufhalten: bei ihrem Ärger, bei ihrem Frust, bei ihrem Unbehagen, bei ihrem Gerechtigkeitsdenken, bei ihrem Selbstverständnis.

Ich spreche von „Menschen". Sind diese Menschen nicht auch *wir?* Ist ihre Verärgerung nicht auch unsere Verärgerung? Ist ihr Protest nicht auch unser Protest? Bekommen mit den damaligen Zuhörerinnen und Zuhörern nicht auch wir einen Platz im Gleichnis? Werden mit ihnen nicht auch wir selbst zu Mitspielern? Als solche werden wir auch die Überlegungen des Vaters, der sich jetzt dem älteren Sohn zuwenden muß, besser verstehen können.

Der verlorene Vater

Ja, was soll der Vater seinem „rebellischen" Sohn sagen? Wie soll er sich verhalten?

Mir fällt vor allem auf, daß der Vater zwei Dinge *nicht* tut.

Erstens: Der Vater macht dem älteren Sohn keine Vorwürfe. Er sagt ihm nicht: Du bist selbst schuld, wenn du so geschuftet hast; ich habe dich nie dazu angetrieben. Der Vater macht seinem Sohn auch keine moralischen Vorhaltungen. Er sagt ihm nicht: Sei doch nicht so selbstgerecht. Offenbar weiß der Vater zu gut, daß Vorwürfe nicht weiterhelfen.

Und *zweitens:* Der Vater stellt den jüngeren Sohn nicht als Beispiel hin. Er sagt dem älteren nicht: Wärest du doch auch abgehauen, dann würde ich dir jetzt auch entgegeneilen und dich in die Arme nehmen. Um das alles geht es nicht. Dadurch, daß der Vater den jüngeren Sohn in die Arme genommen hat, will er das, was dieser getan hat, in keiner Weise beschönigen.

Das bringt mich aber auf einen eigenartigen Gedanken: Die beiden Söhne sind in ihrer Einstellung dem Vater gegenüber gar nicht so weit voneinander entfernt. Ihre Überlegungen und ihre Haltungen kommen sich sehr nahe. Der Sohn, der abgehauen ist, meint, er müsse jetzt dem Vater lange Reuegebete vorbeten; er denkt vom Vater so, wie er sich selber vorstellt, daß er als guter Vater handeln würde. Und der Vater irritiert ihn, weil er ihm mit seiner Liebe und seinem Erbarmen zuvorkommt. Der jüngere Sohn ist abgehauen, weil er meinte, sich so emanzipieren zu können. Dabei ist er untergegangen und hat sich als Sklave verdingen müssen. Der ältere Sohn ist brav zu Hause geblieben. Er hat sich dabei die ganze Zeit hindurch von seiner Sklavenhaltung nicht befreien können. Das ist es, was beide miteinander verbindet: Beide haben von ihrer Freiheit, Söhne zu sein, nicht Gebrauch gemacht. Beide sind Sklavenseelen geblieben. Beide denken von einem sehr engen Gerechtigkeitsstandpunkt aus. Beide sind nicht fähig, von ihrer Kleinkariertheit wegzukommen. Irgendwie haben die doch recht, die dem Gleichnis den Titel geben *Das Gleichnis von den verlorenen Söhnen.*

Was ist denn aber beim Vater so ganz anders? Eines ist sicher: Er irritiert beide Söhne. Der jüngere bringt kein Wort heraus; der ältere versucht seinem Ärger Luft zu verschaffen. Der Vater erweist sich aber beiden gegenüber als liebender Vater. Dem jüngeren vergibt er; zur Liebe gehört, daß sie vergibt. Den älteren bittet er; zur Liebe gehört, daß sie bittet. Ein anderes „Argument" als das der Liebe kennt der Vater nicht – wenn das überhaupt ein Argument ist. Einmal vergebend, einmal bittend. Und gerade darin zeigt sich die Ohnmacht des Vaters. Er scheint keine andere Möglichkeit zu haben, als zu vergeben und zu bitten. Kein Vorwurf, keine Belehrung und vor allem kein Druck.

Beachten wir, was der Vater dem älteren Sohn auf

seinen Ärger hin sagt: „Wir konnten doch gar nicht anders, als uns freuen und ein Fest feiern. Denn dein Bruder war tot, jetzt ist er wieder am Leben. Er war verloren, aber jetzt ist er wiedergefunden." Was für andere Erklärungen könnte denn der Vater geben? Er *mußte* sich einfach freuen. Er *mußte* einfach ein Fest feiern. Er kann den älteren Sohn nur dazu einladen, dieses Fest mitzufeiern. Er kann dem älteren Sohn nicht deswegen Vorwürfe machen, weil er gearbeitet hat. Er tadelt auch nicht sein falsches Gerechtigkeitsempfinden. Er meint vielmehr, daß *jetzt* nicht die Zeit ist, auf dem vermeintlichen Gerechtigkeitsstandpunkt zu bestehen; denn *jetzt* ist die Zeit der Liebe und des Erbarmens und des Festes.

Es besteht kein Zweifel: Auch dieses Gleichnis hat sehr viel mit Jesus selbst zu tun, obwohl Jesus im Gleichnis direkt gar nicht vorkommt. Aber in Jesus ist das *Jetzt* angebrochen: das Jetzt des Feierns. Und wer jetzt murrt, murrt zur falschen Zeit; er wird nicht zum Feiern kommen.

Und das ist es, worauf es dem Vater im Gleichnis ankommt: daß der ältere Sohn am Freudenfest teilnimmt, daß er einstimmt in die Freude des Vaters. Und darum kann er ihn nur bitten. Und es geht ihm darum, daß die Einheit wieder gefunden wird: daß beide Söhne sich zum Fest vereinen. Dafür wirbt seine Liebe.

Das Angebot

Werfen wir einen Blick in die heutige Welt, in die Politik, in die Kirche. Unsere Gesellschaft besteht aus Söhnen und Töchtern, die sich auseinandergelebt haben. Man spricht von Polarisierungen, von „links" und „rechts", von fortschrittlich und konservativ usw. Ob diese Bezeichnungen immer zutreffen, ist eine andere

Frage. Oft ist Fortschritt nur ein anderes Wort für falschverstandene Emanzipation – ähnlich wie bei dem jüngeren Sohn. Und konservativ steht sehr oft nur für eine kleinliche Krämerhaltung – wie bei dem älteren Sohn. Das Gleichnis will nicht aus Linken Rechte machen oder umgekehrt. Es will nicht aus Fortschrittlichen Konservative machen oder umgekehrt. Das Gleichnis möchte uns – auf welcher Seite wir auch immer stehen – von unserer Kleinkariertheit und von unserer Befangenheit befreien. Vor allen Dingen möchte es uns von einem engen Gottesbild befreien, möchte unser Gottesbild entkrampfen, damit wir alle zueinanderfinden. Es geht nicht darum, die Menschen in Verlorene und in Zuhausegebliebene einzuteilen. Es geht entscheidend darum, daß alle zusammenfinden, zusammenfinden zum Fest der Verlorenen. Denn Verlorene sind wir alle. Ich denke, wir sind immer auch beides: verlorene und zu Hause gebliebene Söhne. Beide Söhne haben es nötig, daß der Vater auf sie zugeht. Sei es, daß er sie in die Arme nimmt, sei es, daß er sie bittet. So oder so haben wir Krämer- und Sklavenseelen es nötig, daß unser Horizont gesprengt wird. So oder so haben wir es nötig, daß sich unser Gottesbild und auch unser Menschenbild entkrampft. So oder so haben wir es nötig, daß wir zum großen Fest zusammenfinden.

Das Fest hat schon begonnen

Beim Kommentieren dieses Gleichnisses ist es besonders schwer, zu einem Schluß zu kommen. Wahrscheinlich hängt das damit zusammen, daß das Gleichnis selbst keinen Schluß hat. Wir wissen ja nicht, ob sich der zu Hause gebliebene Sohn nun doch entscheiden konnte, am Fest teilzunehmen. Am Schluß des Gleichnisses steht nur die einladende Bitte des Vaters. Aber jedesmal, wenn wir dieses Gleichnis lesen oder hören, sind wir selbst es, die an die Stelle des älteren Sohnes treten.

Daß der Vater auf uns, die Verlorenen, zukommt und uns in die Arme schließt, ist vielleicht nicht so schwer mitzuvollziehen. Schwieriger ist es dann, wenn er uns einlädt, am Fest der Verlorenen teilzunehmen. Am Fest derer teilzunehmen, denen er schon vergeben hat. Am Fest derer teilzunehmen, die uns so wider den Strich gehen: die Außenseiter, die Aussteiger, die Besserwisser, die sogenannten Alternativen und wie immer sie auch bezeichnet sein mögen. Und ich denke, daß unser ganzes Christsein darin besteht, die Antwort zu suchen, jeden Tag die Antwort zu suchen, die eben der ältere Sohn geben sollte. Unser ganzes Leben als Christinnen und Christen sollte eine Antwort sein auf die Einladung zum Fest. An uns ist es, eine Entscheidung zu fällen. An uns liegt es, ob es zu einem wirklichen Fest kommt.

Und noch ein Letztes. Beachten wir doch bitte, mit welcher Diskretion der Vater für das Fest wirbt. Er droht seinem Sohn nicht. Er nimmt ihn auch nicht bei der Hand und drängt oder zieht ihn in die gute Stube. Er bittet ihn. Das ist die einzige Form der Liebe. Auch in diesem Sinn ist Jesus dem Vater des Gleichnisses ähnlich. Das sollten auch wir uns merken, wenn wir predigen, aber auch dann, wenn wir den Kindern und Jugendlichen und einander von Gott sprechen. Seien wir diskret. Seien wir einladend. Machen wir die Feinheit und die Zurückhaltung dieses Gleichnisses nicht dadurch zunichte, daß wir Druck ausüben. Die Diskretion und die Geduld des Vaters im Gleichnis wollen ansteckend wirken. So werden auch wir einander anstecken, am Fest teilzunehmen.

Das wär's doch: wenn sich in unserem Leben, in der Kirche, in der Politik, in der Gesellschaft, unter allen

Völkern nach und nach eine festliche Stimmung breit-
machen würde. Denn unser Leben *ist* wirklich Einladung zum Fest, zu einem Fest, das *jetzt* in dieser Welt
schon möglich ist.

KOMMT ZUM FEST!
(Lk 14,16–24; Mt 22,1–14)

Das Gleichnis vom Gastmahl (Lukas) oder vom Hochzeitsmahl (Matthäus) ist uns in zwei Varianten überliefert. Im allgemeinen ist man sich darüber einig, daß beide Fassungen auf *ein* Gleichnis zurückgehen, das im Munde Jesu ungefähr wie folgt gelautet haben mag:

Mit der Gottesherrschaft verhält es sich so.

Ein Mann gab ein großes Essen, und zur Stunde des Mahles sandte er seinen Knecht aus, den Geladenen zu sagen: Kommt, denn alles ist bereit!

Da fingen auf einmal alle an, Entschuldigungen vorzubringen. Der erste sagte ihm: Ich habe einen Acker gekauft, und ich muß ihn unbedingt anschauen gehen. Ich bitte dich, halte mich für entschuldigt. Und der nächste sagte: Ich habe fünf Joch Ochsen gekauft, und ich gehe gerade, sie zu prüfen. Ich bitte dich, betrachte mich als entschuldigt. Und der dritte sagte: Ich habe eben geheiratet, deshalb kann ich nicht kommen.

Und der Knecht kam zurück und meldete es dem Mann.

Da wurde der Hausherr zornig und sprach zu seinem Knecht: Geh schnell hinaus auf die Straßen, und wen du findest, bring herein!

Der Knecht tat, wie ihm befohlen, und das Haus wurde voll.

(Jesus sagte: Ich sage euch: Keiner jener Geladenen hat an seinem Mahl teilgenommen.)

Das große Essen

Versuchen wir auch hier, die Begebenheit, die sich wahrscheinlich in einem Dorf abspielt, so konkret wie möglich zu betrachten. Ein Mann lädt zu einem großen Essen ein. Offensichtlich ist eine erste Einladung früher schon an die Leute ergangen. Die Zubereitung eines „großen Essens" – wie es heißt – braucht seine Zeit; der Gastgeber weiß von vornherein nicht genau, wann alles fertig sein wird. So war es Brauch, daß den Geladenen dann noch einmal gesagt wurde, wann das Mahl bereitet war und sie zum Essen kommen konnten. Die Aufgabe, die Geladenen zum Essen zu rufen, hat im Gleichnis der Knecht. Er wird vom Herrn ausgeschickt, die Geladenen zu Tisch zu bitten. Dem Hausherrn liegt offensichtlich viel an der Einladung. „Das Mahl ist jetzt bereit", sagt er. Matthäus dramatisiert noch: „Ich habe mein Mahl bereitet, meine Ochsen und meine Mastkälber sind geschlachtet, alles ist bereit. Kommt . . .!" Tatsächlich, wenn das Mahl bereit ist, erträgt es keinen Aufschub.

Doch jetzt fängt einer nach dem andern an, sich zu entschuldigen. Und alle haben durchaus plausible Gründe. Der eine hat einen Acker gekauft, und er muß ihn jetzt besichtigen gehen. Der andere hat fünf Joch Ochsen gekauft; man muß hier mit einem Landbesitz von mindestens 45 Hektar rechnen. Also auch kein Pappenstiel. Ein dritter hat eben geheiratet. Nach den damaligen (Rechts-)Vorstellungen waren Neuvermählte von allem dispensiert, auch von Einladungen, selbst vom Kriegsdienst.

Es ist nicht gesagt, daß nur diese drei zum Mahl eingeladen waren. Wahrscheinlich waren es mehr, denn der Saal sollte ja voll werden. Aber offensichtlich hatten alle eine Entschuldigung, auch wenn nur diese drei aufgezählt werden.

Der Hausherr wurde zornig. Begreiflich. Eine Einladung zu einem großen Essen abzulehnen ist ein starkes Stück. Damals vielleicht noch mehr als heute. Es wird ja nicht nur das Essen abgelehnt, sondern die Zuneigung des Gastgebers, die Gastfreundschaft, das Privileg, eingeladen zu sein. Die Ablehnung ist eine Brüskierung, ja ein Affront gegenüber dem, der einlädt. Es kommt noch hinzu, daß damals ein Mahl auch eine religiöse Dimension hatte, wird doch im Alten Testament und im Judentum das Kommen Gottes nicht selten mit einem Mahl in Zusammenhang gebracht.

Was soll der Hausherr jetzt tun? Alles ist bereit. Soll er das Essen verkommen lassen? Er schickt den Knecht auf die Straßen, damit er alle hereinbringe, die er dort antrifft.

Und das Haus wurde voll.

Die Strategie

Wir haben schon feststellen können: Gleichnisse können zwar sehr anschaulich sein, sie haben aber hie und da doch einen Haken, etwas, was die ganze Sache rätselhaft und unwahrscheinlich macht, Übertreibungen und dergleichen. Meistens künden dann diese Stellen an, daß das Gleichnis, das zuerst einmal eine Erzählung ist, über sich hinausweist. Der unwahrscheinliche, der übertreibende Zug in unserem Gleichnis ist dieser: daß *alle* Eingeladenen plötzlich ablehnen und daß das Haus dann doch *voll* wird.

In diesem bizarren Zug muß auch die Pointe der Erzählung gesucht werden. Beachten wir dabei aber auch die Struktur oder die Strategie des Textes:

Da erfolgt zuerst einmal eine Einladung: *Das Mahl ist bereit.*

Diese Feststellung muß – wie gesagt – sehr ernst genommen werden. Sie ist zu vergleichen mit jener anderen Feststellung, die Jesus einmal den Jüngerinnen und Jüngern gegenüber äußert: *Die Ernte ist groß, aber der Arbeiter sind wenige* . . . Etwas Unaufschiebbares klingt da mit. Wenn *jetzt* nicht etwas unternommen wird, verdirbt alles, verdirbt das Mahl, verdirbt die Ernte usw. Bei unserem Gleichnis müssen also zwei Dinge gut vor Augen gehalten werden: Die Einladung ist etwas Dringendes und Wichtiges und natürlich auch etwas Schönes und Ehrenvolles; ein Aufschub ist nicht möglich; *jetzt* muß etwas geschehen.

Dieser Einladung stehen die *Entschuldigungen* gegenüber. Sie sind plausibel, begreiflich, berechtigt, wichtig, jedenfalls bei Lukas.

Darauf folgt die *Reaktion* des Gastgebers: Er wird zornig und läßt andere Gäste einladen.

Das Haus wird voll; das Fest findet statt.

Ein weiterer Hinweis, der für das Verständnis der Erzählung nicht unwichtig ist: Es gibt offensichtlich verschiedene Zeitverständnisse. Es gibt verschiedene Prioritäten. Die Akzente werden nicht von allen gleich gesetzt. Für den Hausherrn gibt es jetzt nichts Wichtigeres als das Mahl. Aber für denjenigen, der fünf Joch Ochsen gekauft hat, sind diese wichtiger.

Die Zeit Gottes

Was soll nun diese Erzählung mit der Herrschaft Gottes zu tun haben? Sagen wir so: Die Herrschaft Gottes hat etwas zu tun mit einem Angebot. Sie ist eine Einladung. Was für Einwände die einzelnen auch vorzubringen haben: Herrschaft Gottes wird sich durchsetzen, und zwar *jetzt*. Die Herrschaft Gottes kann von den Ablehnenden nicht aufgeschoben, erst recht nicht zunichte gemacht werden. Jetzt ist die Zeit. Und diese Zeit wird von der Herrschaft Gottes bestimmt. Es ist die Zeit Gottes.

Unsere Erzählung weist nicht nur durch die oben genannten Übertreibungen über sich hinaus – daß alle Geladenen die Einladung ablehnen und daß der Festsaal dennoch voll wird. Wer in der damaligen Zeit etwas von einem großen Essen oder von einem Festmahl hörte, erinnerte sich unwillkürlich an bedeutende Verheißungen des Alten Testaments, in denen die messianische Zeit oder das Kommen Gottes oder die von Gott angebotene Gemeinschaft mit einem Festmahl verglichen wurde. Die Propheten hatten sich nicht gescheut, dieses Mahl in Farben auszumalen, die einem das Wasser im Mund zusammenlaufen lassen: sie sprachen von einem fetten Mahl mit markigen Speisen und abgelagerten Weinen (vgl. Jes 25,6). Wenn wir jetzt noch das Gleichnis in die Nähe *Jesu* bringen, von dem es doch immer wieder heißt, daß er mit Sündern und Zöllnern zusammensaß und mit ihnen aß und trank und so das endzeitliche Freudenmahl gewissermaßen vorausnahm, dann bleibt doch kaum etwas anderes übrig, als das *Jetzt* des Gleichnisses auf das Tun Jesu selbst zu beziehen. In seinem Auftreten und Reden, in seinem Essen und Trinken mit den Sünderinnen und Sündern ergeht *jetzt* die Einladung, am Freudenmahl teilzunehmen. Und die Eingeladenen sollen ja nicht meinen, dadurch, daß sie ablehnen, werde das Fest verschoben oder es finde überhaupt nicht statt. Nein, das Fest findet statt. Jesus feiert das Mahl mit den Sündern und Zöllnern. Und niemand wird ihn davon abbringen. Für Jesus ist die Zeit gekommen. Die Zeit des Festes. Die Zeit Gottes. Ja, Lukas geht sogar so weit, den Gastgeber mit Jesus zu identifizieren, wenn er Jesus am Schluß des Gleichnisses sagen läßt: *Keiner der Geladenen soll von* meinem *Mahl kosten.*

Auf geschickte Art und Weise werden auch in diesem Gleichnis die Zuhörerinnen und Zuhörer mit hineingenommen. Sie werden mit ihrem „normalen" Selbst- und Zeitverständnis abgeholt. Die Leute, die sich entschuldigen, sind in diesem Sinne durchaus Identifikationsfiguren. So denken doch auch wir. Wir haben doch Wichtigeres zu tun, als zu essen und zu trinken. Wir haben doch Prioritäten. Und die Prioritäten, die wir setzen – so meinen wir –, „stimmen" – wenigstens für uns.

Die Hörer und Hörerinnen dieses Gleichnisses gehen wie die Leute, die sich entschuldigen, ihren Geschäften, ihren Interessen nach, ohne daß sie merken, was es geschlagen hat. Wenn sie ans *Reich Gottes* denken, dann denken sie vielleicht an etwas Frommes, Jenseitiges, Himmlisches, Zukünftiges, aber kaum an etwas, das *hier und jetzt* stattfindet.

Jesus und das Gleichnis meinen es anders: *Jetzt* ist alles bereit. An eine Verschiebung des Festes wird nicht gedacht. Können noch so viele Gründe aufgezählt werden, wichtige, entscheidende, drängende – die Zeit ist *jetzt* da. Und weil die Zeit da ist, ist eben alles ganz anders, als wir meinen, liegen auch die Prioritäten ganz anders, als wir meinen.

Auch dieses Gleichnis schenkt Zeit, schenkt ein neues Zeitverständnis, und seine Hörerinnen und Hörer, seine Leserinnen und Leser werden eingeladen, sich selbst neu zu verstehen.

Herrschaft Gottes, so wie Jesus sie versteht, führt eine neue Zeit herauf, und es ist an den Menschen, diese Zeit zu ergreifen. Diese Zeit führt freilich auch dazu, daß man die eigene Zeit, die eigenen Prioritäten in Frage stellen läßt.

Lustlose Kinder

In einem Bild, das uns die Evangelisten Matthäus (24,37–39) und Lukas (17,26–27) überliefern, liest es sich so:

Es ist wie in den Tagen des Noah;
sie aßen und tranken, freiten und ließen sich freien,
bis zu dem Tag, da Noah in die Arche ging.
Und es kam eine Sturzflut und riß alle hinweg.

Da gibt es Leute, die ihre durchaus legitimen und verständlichen Prioritäten setzen: sie essen und trinken, sie heiraten und richten sich ein, sie gehen ihren Interessen und Geschäften nach. Aber im Grunde genommen sind das alles nur vermeintliche Prioritäten; am Reich Gottes gehen sie vorbei.

Ein ähnliches Bildwort ist bei Matthäus 11,16–19 und Lukas 7,31–35 überliefert:

Mit wem soll ich dieses Geschlecht vergleichen?
Kindern gleicht es, die auf den Marktplätzen sitzen und den anderen zurufen:
Wir haben aufgespielt, und ihr habt nicht getanzt!
Wir haben Klagelieder gesungen, und ihr habt nicht an die Brust geschlagen.

Wir müssen uns die Situation konkret vor Augen halten. Kinder, die gerne spielen möchten. Sie machen anderen Kindern Vorschläge: „Kommt, wir spielen Hochzeit! Die Buben fangen an zu tanzen und holen die Mädchen zu einer Polonaise." Und die anderen Kinder, die sagen: „Das ist doch blöd."

„Gut, dann spielen wir eben Beerdigung. Einige Mädchen gehen voraus und spielen die Klageweiber, die übrigen schlagen sich an die Brust. Das ist wie eine traurige Prozession und tönt so lustig." Und die anderen Kinder, die sagen: „Das ist doch blöd. Das sagt uns nichts. Das ist doch langweilig."

Die Unlust der Kinder, die Unlust *dieses Ge-*

schlechts, ist hier gut zum Ausdruck gebracht. Nichts paßt ihnen. Alles ödet sie an. Mit nichts sind sie zufrieden. Gelangweilt sitzen sie auf dem Spielplatz, und der Tag, das Leben geht vorüber, ohne daß überhaupt gespielt wird.

Das Bildwort erhielt in den ältesten christlichen Gemeinden noch eine Anwendung:

Denn es kam Johannes. Er aß nicht und trank nicht. Da sagen sie: Ach, ein Besessener. Ein Spinner.

Und dann kam der Menschensohn. Er aß und trank. Da sagen sie: Ach, ein Fresser und Weinsäufer, ein Freund von Zöllnern und Sündern.

Was muß denn eigentlich noch kommen, damit ihr euch bewegt? Nichts paßt euch. Für nichts interessiert ihr euch. Ihr meint, ihr hättet besondere Prioritäten, besondere Interessen: Launen sind es, die euch am Ende noch um das Vergnügen bringen.

Sie verpassen das Fest

Zurück zu unserem Gleichnis. Es richtet sich an eine Zuhörerschaft, die an der Zeit vorbeilebt, die sich nicht dazu entschließen kann, sich die Zeit geben zu lassen. Leute, die ihre Prioritäten auf ihre Art gesetzt haben. Leute, für die das Reich Gottes eine jenseitige, eine zukünftige, eine exotische Größe ist, die so gar nicht in unsere Welt und in unsere Zeitabläufe paßt und eher störend wirkt. Leute, die sich vom Reich Gottes, wie Jesus es verkündet, nicht „aufstöbern" lassen wollen. Diese Leute möchte das Gleichnis auf die Bedeutung der Zeit aufmerksam machen. Ja mehr noch als das. Das Gleichnis möchte ihnen diese neue Zeit geben.

Die Zeit, die das Gleichnis anbietet, ist – wie das Reich Gottes selbst – unverwechselbar und darum auch unwiederholbar; man kann sie verpassen. Es ist darum nicht sachgerecht und nimmt dem Gleichnis die Spannung, wenn wir die Geladenen allzu voreilig identifizieren: die Erstgeladenen sind die Juden, die Zweitgeladenen sind die Heiden, oder: die Erstgeladenen sind die Pharisäer, die Zweitgeladenen sind die einfachen Leute; und erst recht nicht passen solche oder ähnliche Übertragungen auf die heutige Zeit. Alle Hörerinnen und Hörer dieses Gleichnisses stehen an der Stelle der Erstgeladenen; sofern sie nicht erkennen, daß in Jesus, in seinem Reden und Tun, die Herrschaft Gottes angebrochen ist, werden sie das Fest verpassen.

Ob das nicht auch *uns* gilt? Sind wir nicht allzuoft Menschen der verpaßten Gelegenheiten? Menschen, die ihren sogenannten Prioritäten und Terminen nachlaufen und dabei gar nicht beachten, ja nicht einmal ahnen, daß das Reich Gottes an ihnen vorbeigeht? Gehören wir handkehrum nicht auch zu denen, die meinen, ohne uns finde sowieso nichts Gescheites oder Bedeutendes statt; weil wir „unsere" Zeit haben wollen, weil wir selber bestimmen wollen, wann was wo wichtig ist, weil wir Gott schon längst festgelegt haben? Und gehören wir dabei nicht auch zu jenen Menschen, die von Langeweile und Belanglosigkeit gequält, nur noch lustlos herumstehen?

Das gilt für die *einzelnen,* die sich schlecht und recht etabliert haben. Man kann sich ja auch als Christ etablieren. Man kann sich auch in einer religiösen Gemeinschaft etablieren. Man braucht dafür nicht zu heiraten oder fünf Joch Ochsen zu kaufen. Es genügen mir meine Sicherheiten, die ich nicht aus der Hand geben will. Sicherheiten nicht nur materieller, sondern auch geistiger Art. Es soll nicht jemand kommen und mir noch etwas vormachen wollen! Für mich ist die Sache mit dem „Reich Gottes" schon längst gelaufen. Ich blicke durch. Mich interessiert nur noch, daß ich mich einigermaßen unbeschadet über die Runden bringe.

Einrichten, etablieren kann sich aber auch eine ganze *Gemeinschaft,* kann sich eine ganze Kirche, kann sich die ganze Gesellschaft. Wir haben unsere Prioritäten und unsere Perspektiven, wir haben unsere Geschichte und unsere Verpflichtungen, unsere Traditionen, unser Kirchenrecht, unsere Staatsverfassung.

Und wir merken nicht, daß das Reich Gottes an uns vorbeigeht, daß wir etwas ganz Wichtiges, etwas Lebenswichtiges verpassen. Das Bild vom verpaßten Zug behagt mir nicht so recht. Die Geladenen im Gleichnis verpassen nicht den Zug; *sie verpassen das Fest!* Und mit dem Fest das Leben.

Wie würde die Welt und das Leben in unserer Welt doch anders aussehen, wenn wir auf das Angebot des Reiches beizeiten eingegangen wären! Wenn wir die Umweltproblematik früher ins Auge gefaßt und auch die entsprechenden Konsequenzen gezogen hätten, oder wenn wir die atomare Rüstungsspirale rechtzeitig durchbrochen und die enormen Summen, die wir für die Rüstung investieren, für Frieden und Gerechtigkeit eingesetzt hätten! Wie stünde es doch anders in der Kirche, wenn wir das Konzil ernster genommen und nicht zugelassen hätten, daß uns furchtsame Kirchenführer und notorische Bremser die Freiheit wieder entreißen! Die Schöpfung mitzugestalten, mitzuwirken auch an einer gerechteren und friedlicheren Welt, in der Menschen nicht mehr zu hungern und keine Angst voreinander zu haben brauchen, in der niemand mehr meint, sich über andere erheben zu müssen – das alles hat durchaus mit dem Reich Gottes zu tun. Gewiß, Reich Gottes ist nicht machbar, aber es kann an-kommen, Reich Gottes kann um sich greifen, wenn wir uns ihm öffnen, wenn wir uns mit ihm auch die Zeit und die Prioritäten geben lassen: eben *zuerst* das Reich Gottes zu ergreifen und seine Gerechtigkeit zu suchen im Vertrauen darauf, daß alles andere uns hinzugegeben wird (Mt 6,33).

„Ich habe euch aufgespielt,
und ihr habt nicht getanzt!"

Zu meinem Abschied vom Schweizerischen Katho-
lischen Bibelwerk schenkten mir meine Kolleginnen
und Kollegen einen wunderschönen Holzschnitt von
Schwester Sigmunda May. Er stellt eine Gruppe trauri-
ger Gestalten dar, unbeweglich, lustlos, traurig, starr.
Vor ihnen tanzt beschwingt ein Flötenspieler. Unter der
Darstellung steht mit Bleistift der Titel des Bildes: *Ich
habe euch aufgespielt, und ihr habt nicht getanzt!* Seit
das Bild in meiner Wohnung hängt, finde ich mich jeden Abend vor ihm ein. Es dient mir zur Gewissenser-
forschung. Und diese beginnt mit dem Vorwurf: *Ich
habe dir aufgespielt, und du hast nicht getanzt.* Und ich
frage mich, wo und wann denn während meines Tages
zum Tanzen aufgespielt worden sei. Und ich denke an
die verpaßten Gelegenheiten, die alle einen Namen tragen: Ich denke an Karin, die ich abwimmelte, als sie
bei mir ein Buch ausleihen wollte; ich denke an die
portugiesische Familie in unserem Wohnblock, die so
froh wäre, den Schlüssel zur Waschküche zu haben,
wenn ich ihn nicht brauche; ich denke an meinen de-
pressiven Nachbarn, an dessen Wohnung ich im Auf-
zug achtlos vorbeifahre; ich denke an die Demonstra-
tion für Militärdienstverweigerer, an der ich nicht teilgenommen habe, weil ich mir nicht die Finger dreckig
machen wollte; ich denke an meinen Kollegen, für den
ich nicht eingesprungen bin, als andere mit giftigsten
Bemerkungen über ihn hergefallen sind; und ich denke
an die vergangene Stunde, während der ich vor dem
Fernseher saß, statt daß ich mich von der Stille verführen ließ. Das alles sind Momente und Orte – Hunderte
am Tag – in denen mir aufgespielt wird. Gewiß, ich will
mich nicht schlechter machen, als ich bin; es gab Momente, in denen ich mitgetanzt habe.

Ich könnte mir gut vorstellen, daß das genannte Wort auch am Ende meines Lebens steht, wenn „der Flötenspieler" mir entgegenkommt. Er wird mir vorhalten: *Ich habe dir aufgespielt, und du hast nicht getanzt!*

Noch bedrückender wirkt auf mich der Vorwurf, wenn er in seiner Mehrzahl-Form auf mich zukommt: *Ich habe euch aufgespielt, und ihr habt nicht getanzt!* Wenn unsere Welt nicht mehr bewohnbar ist; wenn unsere Wälder sterben und unsere Seen ersticken; wenn das soziale Gefälle weltweit immer größer wird; wenn das Diktat der Wirtschaft immer mehr Menschen in den Abgrund drängt; wenn der Konsumismus den Menschen immer mehr ihre Würde nimmt: dann kommt das doch daher, daß wir nicht getanzt haben, als „der Flötenspieler" aufspielte; daß wir die Zeit nicht erkannt haben, die uns gegeben ward, weil wir „unserer" Zeit nachliefen; daß wir das Fest, die Gemeinschaft, die Begegnung verpaßt haben. Und wenn es mit der Welt zu Ende geht, wird „der Flötenspieler" vielleicht nur dieses sagen: *Ich habe euch aufgespielt, und ihr habt nicht getanzt!*

Kommen wir noch einmal zurück zum Gleichnis vom Gastmahl. Ich denke, wir brauchen dieses Gleichnis heute mehr denn je. In unserer Hoffnungslosigkeit und Angst, in unserer Langeweile und Unlust wird uns Zeit angeboten, neue Zeit geschenkt. Wenn wir dieses Geschenk annehmen, wenn wir auf dieses Angebot einer neuen Zeit, der Zeit Gottes eingehen, werden wir das Lebensgefühl von Menschen haben, die zum Fest schreiten. Dieses Fest ist einmalig. Und findet *jetzt* statt. Worauf wartet ihr denn noch? Die Herrschaft Gottes ist mitten unter euch! Warum packt ihr nicht endlich zu? Warum tanzt ihr nicht?

Die Armen, Krüppel, Blinden und Lahmen

Eingangs dieses Kapitels habe ich einen Gleichnistext wiedergegeben, der in der Bibel so nicht steht. Es ist die Rekonstruktion eines Gleichnisses, wie es Jesus gesprochen haben könnte. Unsere beiden Evangelisten Matthäus und Lukas haben bei der Überlieferung des Gleichnisses je andere Akzente vorgefunden und selber gesetzt, wobei Lukas der vermuteten ursprünglichen Fassung des Gleichnisses näher geblieben ist (14,15–24). Nach ihm erzählt Jesus das Gleichnis innerhalb einer Mahlsituation (vgl. 14,1 ff). Nachdem Jesus verschiedene Beobachtungen bezüglich der Tischgemeinschaften gemacht hat – daß man lieber nicht die ersten Plätze aussuchen soll, wenn man eingeladen ist, und daß man, wenn man selbst ein Mahl gibt, nicht die Freunde und Brüder und Verwandten und reichen Nachbarn einladen soll, sondern die Armen und Krüppel und Lahmen und Blinden –, möchte einer der Tischgenossen die Aufmerksamkeit Jesu auf das „Mahl im Reiche Gottes" lenken: *Selig, wer am Mahl im Reiche Gottes teilnehmen wird.* Auf diese Äußerung geht Jesus dadurch ein, daß er unser Gleichnis erzählt.

Schon allein von dieser Situation her erhält das Gleichnis neue Nuancierungen. Das zukünftige Mahl: es findet *jetzt* schon statt, und es ist das *Mahl Jesu: Keiner der Geladenen soll von* meinem *Mahl kosten.* Hier klingt etwas von dem an, was Jesus im Lukasevangelium andernorts so formuliert: *Das Reich Gottes ist mitten unter euch* (17,21). Sucht es nicht im Jenseitigen, sucht es nicht im Zukünftigen, sucht es nicht im Außergewöhnlichen: es ist mitten unter euch.

Wir müssen aber die Neuakzentuierung bei Lukas noch genauer ins Auge fassen. Darum wollen wir das Gleichnis in seiner Version noch einmal lesen und dabei den vorausgehenden Abschnitt hinzunehmen:

Jesus sagte zu dem Gastgeber:

Wenn du ein Mittagessen oder ein Abendmahl gibst, so lade nicht deine Freunde oder deine Brüder, deine Verwandten oder reiche Nachbarn ein; sonst laden auch sie dich ein, und damit ist dir wieder alles vergolten. Nein, wenn du ein Essen gibst, dann lade Arme, Krüppel, Lahme und Blinde ein. Du wirst selig sein, denn sie können es dir nicht vergelten; es wird dir vergolten werden bei der Auferstehung der Gerechten.

Als einer der Tischgenossen das hörte, sagte er zu Jesus:

Selig, wer am Mahl im Reich Gottes teilnehmen wird.

Jesus sagte zu ihm:

Ein Mann veranstaltete ein großes Gastmahl und lud viele dazu ein. Zur Stunde des Mahles sandte er seinen Knecht aus, den Geladenen zu sagen: Kommt, denn alles ist bereit.

Da fingen auf einmal alle an, Entschuldigungen vorzubringen. Der erste sagte ihm: Ich habe einen Acker gekauft, und ich muß ihn unbedingt anschauen gehen. Ich bitte dich, halte mich für entschuldigt. Und der nächste sagte: Ich habe fünf Joch Ochsen gekauft, und ich gehe gerade, sie zu prüfen. Ich bitte dich, betrachte mich als entschuldigt. Und der dritte sagte: Ich habe eben geheiratet, deshalb kann ich nicht kommen.

Und der Knecht kam zurück und meldete es dem Herrn.

Da wurde der Hausherr zornig und sprach zu seinem Knecht: Geh schnell hinaus auf die Straßen und Gassen der Stadt und hole die Armen, Krüppel, Blinden und Lahmen herein!

Und der Knecht sprach: Herr, was du befohlen hast, ist geschehen. Aber es ist immer noch Platz da.

Da sprach der Herr zum Knecht: So geh hinaus an die Landstraßen und Zäune, und nötige die Leute zu kom-

men, damit mein Haus voll werde! Denn ich sage euch:
Keiner jener Geladenen soll von meinem Mahl kosten.
(Lk 14, 12–24)

Besonders zu beachten ist der Umstand, daß der Knecht, nachdem die Erstgeladenen die Einladung abgelehnt haben, noch zweimal hinausgeschickt wird. Beim ersten Mal hat er den Auftrag, auf den Straßen und Gassen die Armen, Krüppel, Blinden und Lahmen anzusprechen und einzuladen. An ihnen liegt Lukas offensichtlich sehr viel; denn bereits im vorausgehenden Abschnitt war von ihnen die Rede: Wenn du zum Essen einlädst, so lade Arme, Krüppel, Lahme und Blinde ein.

„Aber", so berichtet der Knecht, „es ist immer noch Platz da."

Das Boot ist noch lange nicht voll

„Es ist immer noch Platz da." Dieses Wort hat es mir angetan. Besonders in einer Zeit, in der um jeden Platz gerungen wird, in der man nicht nur die Armen und Behinderten, sondern auch alle Fremden und alles Fremde möglichst weit weg wünscht, sagt jemand: „Es ist immer noch Platz da." Dabei könnte man jetzt so schön unter sich sein. Die Chance, genug zu essen zu bekommen, ist doch größer, wenn nicht allzu viele Menschen am Mahl teilnehmen. Aber der Knecht sagt: „Es ist immer noch Platz da." Und die Absicht des Herrn – des Herrn Jesus! – wird nun deutlich zum Ausdruck gebracht: „So geh jetzt auch zur Stadt hinaus und lade die Leute an den Straßen und Zäunen ein, *damit mein Haus voll werde!"*

Wenn wir beim Gleichnis Jesu sagten, es biete Zeit an, kann man von dem Gleichnis, wie Lukas es weitererzählt, sagen, es biete auch noch Raum an. Ich denke, daß das für uns heute ebenfalls von dringlicher Wichtigkeit ist. Zu oft sind wir nur mit uns selbst beschäftigt, sei es in der Kirche, sei es in der Gesellschaft. Wir sehen kaum über unseren Tellerrand, über unsere Stadt- und über unsere Landesgrenzen hinaus. Das „europäische Haus" macht uns arg zu schaffen, erst recht das „Dorf", das unsere Erde werden könnte. Angst vor dem Fremden; Angst, gestört zu werden; Angst, zu teilen; Angst, die eigene Identität zu verlieren. Nach unserem Gleichnis wird es nur dann zum Fest kommen, wenn wir „hinausgehen", wie weiland Abraham „hinausgegangen" ist, wie das Volk Israel „hinausgegangen" ist, wie die Propheten „hinausgegangen" sind, wie Jesus und wie die Jüngerinnen und Jünger „hinausgegangen" sind. Und zum Fest wird es nur kommen, wenn das Haus voll wird. Wir brauchen keine Angst zu haben, das Boot werde voll – mit dem Slogan „Das Boot ist voll" haben wir Schweizer und Schweizerinnen uns während des letzten Weltkrieges den jüdischen Flüchtlingen und anderen Asylsuchenden verweigert –; im Gegenteil: Unsere Identität werden wir nur dann finden, das Fest wird nur dann stattfinden, wenn wir uns öffnen für die Armen und Lahmen und Blinden, für die Asylanten und Schutzsuchenden. Aber auch von dieser Öffnung muß gesagt werden: Sie muß *jetzt* stattfinden. Und berechtigt und ermächtigt sind wir zu dieser Öffnung durch das Fest, das bereits begonnen hat, begonnen hat im Essen und Trinken Jesu mit den Zöllnern und Sündern.

Das Gleichnis schenkt uns Zeit, Zeit Gottes, und es schenkt uns Raum, Raum Gottes, wodurch uns wahrhaft möglich sein wird, eine Welt aufzubauen, in welcher unsere Gesellschaft nicht im Egoismus zu ersticken braucht und in welcher auch die suspektesten Asylanten und die am tiefsten verschuldeten Länder zum Fest finden können.

PROBLEME MIT DEM TAUMELLOLCH
(Mt 13,24–30. 36–43)

Taumellolch heißt ein ganz besonders böses und hart-
näckiges Unkraut in Getreidefeldern. Die ungefähr
70 cm hohen Halme und die 6 bis 12 cm langen, spitzen
Ähren sind denen des Weizens nicht unähnlich. Die
Körner, die sich aus seinen Ähren entwickeln, gleichen
den Weizenkörnern so sehr, daß sie sich von diesen
nicht mehr unterscheiden und trennen lassen. Wenn
aber erst einmal die Körner von Weizen und Taumellolch vermengt sind, wird das Mehl verdorben. Das besonders Bösartige am Taumellolch liegt darin, daß in
seinen Körnern ein giftiger Pilz sein Unwesen
treibt.

Vom Taumellolch ist im 13. Kapitel des Matthäusevangeliums die Rede. Ein Mann hatte Samen auf seinen Acker gesät, und als dann die Saat aufging und zu
reifen anfing, zeigte sich auch der Taumellolch. Was
tun? Grundsätzlich gibt es zwei Möglichkeiten. Die eine ist die, daß der Lolch ausgerissen wird. Die andere
die, daß man ihn bis zur Ernte stehen läßt. Beim
Schneiden wird dann der Lolch fallen gelassen, damit
er im nachhinein gesammelt und verbrannt werden
kann. Der Gutsbesitzer scheint von Anfang an diese
zweite Möglichkeit ins Auge gefaßt zu haben.

Aber ergibt das auch schon eine Geschichte oder ein
Gleichnis?

Vielleicht läßt sich eine ursprüngliche Fassung so re-
konstruieren.

Ein Gleichnis

Mit dem Reich Gottes ist es so. Ein Mann säte Samen auf seinen Acker. Als die Saat aufging und Frucht anzusetzen begann, kam auch der Taumellolch zum Vorschein. Zur Zeit der Ernte kamen die Schnitter und brachten den Weizen in die Scheune, den Taumellolch aber sammelten sie und banden ihn in Bündel zum Verbrennen.

Ein Gleichnis? Vielleicht. Es spricht von einer Erfahrung, die jeder Landmann damals machen konnte. Von Jesus wissen wir, daß er gern solche Gleichnisse erzählte und daß es ihm immer wieder gelang, das Reich Gottes mit ganz einfachen menschlichen Erfahrungen zusammenzubringen.

Es gibt Gleichnisse, die nur Jesus erzählen konnte. Sie sind vielfach der Kommentar zu seinem Leben und Wirken. Aber auch umgekehrt: Die beste Erklärung seiner Gleichnisse ist das Leben und Wirken Jesu selbst. Warum das so ist? Offensichtlich deswegen, weil das Reich Gottes, von dem die Gleichnisse berichten, von Jesus selbst gar nicht zu trennen ist.

Das Gleichnis erzählt von einer gewissen Spannung, die freilich so ungewöhnlich nicht ist. Der Bauer ist überzeugt, guten Samen gesät zu haben; daß sich jetzt auf dem Acker, der zu sprießen und zu blühen beginnt, auch der Taumellolch zeigt, ist zwar ärgerlich, in Panik versetzen läßt sich der Bauer aber nicht. Er weiß, wie es zur Zeit der Ernte zugeht: da kommen die Schnitter, bringen den Weizen in die Scheune, und den Taumellolch verbrennen sie.

Mag für den Bauern das Auftreten des Taumellolchs im Weizenfeld auch keine allzu große Herausforderung sein, ein Problem ist es trotzdem. Und ich bin sicher, daß das Gleichnis auf dieses Problem aufmerksam machen will: Wie gehen wir mit dem Taumellolch um?

Wir? Denken wir jetzt einmal nicht zuerst an uns, denken wir an die Leute, die diesen Jesus von Nazaret begleitet, ihm zugehört und sich ihre Gedanken gemacht haben, sich gefreut haben an seinen klugen Antworten, an seiner Offenheit gegenüber allen, sich ab und zu aber auch gerieben haben an seinem Verhalten, das sie nicht so leicht begreifen konnten. Ich denke z. B. an Jesu Gefolgschaft. In seinem näheren Umkreis befanden sich Leute, von denen nichts Gutes zu erwarten war: Levi, ein ehemaliger Zöllner; Maria von Magdala, bei der man ja auch nicht so recht wußte, was sie im Schilde führte; Prostituierte, die immer wieder auftauchten; die vielen Ungebildeten, die vom Gesetz keine Ahnung hatten; dann aber wieder Pharisäer, die diesen Jesus zu sich einluden, um mit ihm zu diskutieren. Was sollte denn das alles mit „Reich Gottes" zu tun haben? Ich kann mir gut vorstellen, daß Leute, die Jesus durchaus nahestanden, nicht mehr mitkamen, die Dinge nicht mehr durchschauten, unsicher wurden und sich Sorgen machten um Jesus und sein ganzes Unternehmen: Ob in seiner Gefolgschaft nicht auch solche waren, die eigentlich gar nicht dazugehörten, gar nicht hineinpaßten, Leute, die alles verderben konnten?

Und da hat ihnen Jesus dieses Gleichnis erzählt.

Mit dem Reich Gottes ist es so. Ein Mann säte Samen auf seinen Acker. Als die Saat aufging und Frucht anzusetzen begann, kam auch der Taumellolch zum Vorschein. Zur Zeit der Ernte kamen die Schnitter und brachten den Weizen in die Scheune, den Taumellolch aber sammelten sie und banden ihn in Bündel zum Verbrennen.

Das Gleichnis ist kurz, ohne Umschweife und verzichtet auf jedes Moralisieren. Es strahlt Sicherheit aus. Schaut doch, wie der Bauer es macht. Der Taumellolch in seinem Weizenfeld ist für ihn überhaupt kein Anlaß zu verzweifeln, ja nicht einmal Anlaß zu schlechter Laune. Der Bauer ist zuversichtlich: Zur Zeit der Ernte wird sich alles regeln.

„Zur Zeit der Ernte" – eine Wendung, ein Bild, das wir in anderen Gleichnissen Jesu schon angetroffen haben. Ernte, so sagten wir, hat mit Vollendung zu tun, mit Erfüllung, mit Freude auch. Ernte hat mit Gott zu tun: sie ist in seiner Hand. Ich könnte mir vorstellen, daß Jesus mit dem Gleichnis den Umstehenden sagen wollte: Macht euch keine Sorgen. Habt keine Angst. Laßt euch nicht irritieren. Verlaßt euch auf die Ernte, vertraut auf die Vollendung; die Zukunft liegt in Gottes Hand.

So oder ähnlich könnten die Leute um Jesus das Gleichnis aufgenommen haben, wenn ihnen Jesus dieses Gleichnis tatsächlich erzählt hat, was man freilich nur vermuten kann. Aber immerhin: In diese Stoßrichtung gehen auch andere Gleichnisse, von denen wir sicher sind, daß sie von Jesus stammen.

Mit Gleichnissen leben

Aber ein Gleichnis wird nicht einfach nur einmal so dahergesagt. Gleichnisse wollen gelebt werden. Und das Neue Testament zeigt uns auf vielfache Weise, wie die ersten Christinnen und Christen versuchten, mit den Gleichnissen zu leben. Wie sie mit den Gleichnissen neue Situationen, vor denen sie standen, auszuleuchten versuchten, wie sie mit den Gleichnissen versuchten, auch sich selbst neu zu verstehen. Darum haben praktisch alle Gleichnisse, die wir in der Bibel finden, eine ziemlich bewegte Geschichte durchgemacht, bevor sie in die Evangelien aufgenommen wurden. Auch nach der Niederschrift hat diese Geschichte nicht aufgehört. Denn niemand soll und kann die Menschen daran hindern, auch ihre eigenen, persönlichen wie gesellschaftlichen Erfahrungen in die Gleichnisse mit einzubringen und sie von ihnen deuten zu lassen.

So wie wir das Gleichnis vorher gelesen haben, steht es nicht in der Bibel. Es war nur eine vage Vermutung, daß das Gleichnis einmal so ausgesehen haben könnte. So wie uns das Gleichnis jetzt im Matthäusevangelium (13,24–30) überliefert ist, weist es untrügliche Zeichen von Erfahrungen und Überlegungen auf, die möglicherweise auch uns nicht fremd sein dürften. Wir lesen da folgendes:

Mit dem Himmelreich ist es so. Ein Mann hatte guten Samen auf seinen Acker gesät. Während aber die Leute schliefen, kam sein Feind, säte Taumellolch dazwischen, mitten unter den Weizen, und ging davon. Als die Saat aufging und Frucht anzusetzen begann, kam auch der Taumellolch zum Vorschein. Da gingen die Knechte des Hausherrn hin und sagten zu ihm: Herr, hast du nicht guten Samen auf deinen Acker gesät? Woher hat er nur den Taumellolch? Der aber antwortete ihnen: Das hat ein Feind getan. Die Knechte fragten ihn: Willst du, daß wir hingehen und ihn sammeln? Er aber sagte: Nein. Ihr könntet sonst beim Sammeln des Taumellolchs zugleich auch den Weizen ausreißen. Laßt beides miteinander wachsen bis zur Zeit der Ernte; wenn dann die Ernte da ist, will ich den Schnittern sagen: Sammelt zuerst den Taumellolch und bindet ihn in Bündel, um ihn zu verbrennen. Den Weizen aber bringt in meine Scheune. (Mt 13,24b–30)

Jetzt ist die ganze Sache sehr dramatisch. Das zeigt sich schon in der direkten Rede zwischen dem Hausherrn und seinen Knechten und in den Fragen, die gestellt werden. Dramatischer ist die Erzählung geworden, aber auch unübersichtlicher und rätselhafter. Daß ein Feind während der Nacht Taumellolchsamen unter den guten Samen mischt, ist ziemlich ungewöhnlich.

Die Frage der Knechte, woher der Taumellolch komme, scheint überflüssig. Woher kommt schon das Unkraut? Mit Unkraut muß wohl jeder Gärtner und jeder Bauer rechnen. Um so erstaunlicher ist die Antwort des Hausherrn – übrigens ist der Bauer jetzt plötzlich ein Hausherr – : Er vermutet nicht nur, er weiß, daß ein Feind hinter dem Anschlag steckt. Die andere Frage der Knechte wiederum ist verständlich, denn jäten wäre durchaus naheliegend. Der „Herr" – so wird der Hausherr von den Knechten angesprochen – will das aber nicht; er möchte nicht, daß mit dem Lolch auch der Weizen entwurzelt würde. Bei der Ernte, die der Herr ankündigt, geht es seltsam zu: Die Schnitter sammeln zuerst den Taumellolch, binden ihn in Bündel und verbrennen ihn und dann erst führen sie den Weizen in die Scheune. Normalerweise macht man es doch umgekehrt: Man sammelt den Weizen, läßt den Taumellolch liegen und verbrennt ihn anschließend. Übrigens: Warum braucht es dafür eigens Schnitter? Genügen die Knechte für diese Arbeit nicht?

Chiffren lesen

Fragen über Fragen. Vielleicht nicht für diejenigen, die gewohnt sind, Chiffren zu lesen. In jüdischen Gleichnissen wird des öftern von Gott als von einem Hausherrn gesprochen. Die Knechte sind dann entsprechend die gläubigen Menschen. Mit dem Feind ist in diesen Texten häufig der Teufel gemeint. Die Ernte ist ein oft gebrauchtes Bild für das Gericht, in dem die Bösen vernichtet und die Guten bewahrt werden. Und die Schnitter sind die Engel, die im Namen Gottes das Gericht vollziehen.

Wenn man die Geschichte so liest, bekommt alles wieder seine Richtigkeit, und man stößt sich überhaupt nicht an den landwirtschaftlichen Ungereimtheiten. Und daß alles seine Richtigkeit bekommt, ist wichtig für Leute, die verängstigt und verunsichert sind. Die Frage, die sich der jungen Kirche stellte, war die: Wie offen dürfen wir als Gemeinde sein? Soll wirklich Krethi und Plethi Platz haben? Geben wir uns nicht selbst auf, wenn wir uns nicht klarer abgrenzen, wenn wir uns nicht deutlicher distanzieren von gewissen Leuten und Gruppierungen? Verlieren wir nicht unsere Identität, wenn wir jeden Wildwuchs dulden? Sollten wir nicht Leute, die bei uns nichts zu suchen haben und die sich nicht unterordnen wollen, hinauswerfen? Sollen wir für den „guten Samen", der gesät worden ist, nicht dadurch Sorge tragen, daß wir alles, was unkrautverdächtig ist, ausreißen?

Ich denke, daß wir Heutige uns recht gut in diesem Verständnis des Gleichnisses wiederfinden könnten. Das Problem, sich abzugrenzen, klare Verhältnisse zu schaffen, kennt jede gesellschaftliche Gruppierung. Wir hätten z. B. gerne klare Verhältnisse in unserem Land. Wohin soll das führen, wenn da plötzlich jeder Ausländer stimmberechtigt sein soll, wenn jede Ausländerin den Paß unseres Landes erhalten soll? Wir verlieren doch unsere Identität. Und zeugen die Überwachungsakten der Verfassungsschützer nicht auch von dieser Mentalität, eine „saubere Heimat" haben zu wollen? Zeugen sie nicht vom Versuch, unliebsame Leute, Taumellolche, auszugliedern? Dieses Problem kennen auch die politischen Parteien. Ab und zu bedarf es gewisser „Säuberungen": Unkraut muß von Zeit zu Zeit weggeschafft werden. Freilich hat schon manche Partei die Erfahrung machen müssen, daß sie die besten Leute ausgegliedert hat und daß mit diesen Leuten dann auch noch solche gegangen sind, von denen man gern gehabt hätte, daß sie geblieben wären. Und wie ist es mit der Kirche? Werden da nicht auch immer wieder Säuberun-

gen durchgeführt: Bischöfe, die wegbefördert, Redakto-
ren, die entlassen, unliebsame Theologen, die mundtot
gemacht, Frauen, die diskriminiert, Geschiedene, die in
Distanz gehalten, verheiratete Priester, die an ihrer weiteren Mitarbeit in der Gemeinde gehindert werden?
Und hat die Kirche nicht schon oft die Erfahrung machen müssen, daß sie dadurch die besten Leute vor den
Kopf stößt und daß sie bei der Eliminierung des vermeintlichen Taumellolchs auch kostbaren Weizen verloren hat?

Warum meinen wir denn immer wieder, Richter
spielen zu müssen? Sollten wir das Gericht nicht lieber
Gott überlassen? Wir brauchen keine Angst zu haben
vor dem Taumellolch, sosehr er uns auch zu schaffen
macht. Die Kirche Jesu Christi zeichnet sich nicht dadurch aus, daß sie gut gesäubert und gut gemanagt ist.
Sie zeichnet sich dadurch aus, daß sie eintritt für Gerechtigkeit und daß ihre Glieder barmherzig und befrei-
end aufeinander zugehen. Was es an Unzulänglichkei-
ten, an Fehlern, an Sünde gibt, ist zwar schmerzlich,
sollte uns aber nicht irritieren. Wenn der Tag kommt,
wird es vom Feuer vernichtet werden. Dann aber kommen wir alle dran, diejenigen, die in der Kirche sind,
nicht weniger als die Außenstehenden.

Das Gericht

In diesem letzteren Sinn hat dann Matthäus das Gleichnis noch einmal zugespitzt, wie es für ihn überhaupt ein
Anliegen ist, die ganze Welt – und besonders die Gemeinde – unter das Gericht zu stellen. Und zur Gemeinde gehören alle, auch und gerade die Jünger, zu denen
Matthäus jetzt das Gleichnis gesprochen sein läßt – als
Warnung vor dem Gericht:

Darauf entließ er die Volksscharen und ging in das

Haus. Und die Jünger traten an ihn heran und sagten: Erkläre uns das Gleichnis vom Taumellolch auf dem Akker. Er aber antwortete: Der, der den guten Samen sät, ist der Menschensohn. Der Acker ist die Welt. Der gute Same, das sind die Söhne des Reiches, und der Taumellolch sind die Söhne des Bösen. Der Feind, der es gesät hat, ist der Teufel. Die Ernte ist das Ende der Welt, die Schnitter sind die Engel.

Wie nun der Taumellolch gesammelt und im Feuer verbrannt wird, so wird es auch am Ende der Welt sein: Der Menschensohn wird seine Engel aussenden, und sie werden aus seinem Reich alle Ärgernisse und Übeltäter sammeln und sie in den Feuerofen werfen. Dort wird Heulen und Zähneknirschen sein. Dann werden die Gerechten leuchten wie die Sonne im Reiche ihres Vaters.

Wer Ohren hat, der höre. (Mt 13,36–43)

Eine schwierige Sprache, gewiß, und eine Vorstellungswelt, die nicht die unsere ist. Ich will Matthäus, von dem man gerne sagt, er mache aus der Frohbotschaft eine Drohbotschaft, nicht verteidigen. Sein Anliegen aber möchte ich zu verstehen suchen und ernst nehmen. Daß das Christentum eine Frohbotschaft zu verkünden hat, weiß auch Matthäus. Aus der Frohbotschaft kann man eine Drohbotschaft machen, was in der Tat eine Verkehrung ist. Man kann die Frohbotschaft aber auch zur Beliebigkeit verkommen lassen. Und diese Verkehrung ist mindestens ebenso groß – und ebenso gefährlich. Matthäus hat das erkannt. Wenn er mit dunkelsten Farben das Gericht schildert, dann nicht mit dem Ziel, die Menschen unter Druck zu setzen oder ihnen unnötig Angst einzujagen; er möchte nur nicht, daß etwas von dem Ernst der Frohbotschaft verlorengehe. Im Grunde genommen deckt sich das, was er sagt, mit unserer eigenen Erfahrung: Wenn wir die Frohbotschaft, die Gerechtigkeit, die Versöhnung, den Frieden nicht leben, werden wir umkommen, sei es in einem Krieg, sei es in der Verarmung, sei es in einer Umweltkatastrophe. Diese sehr modernen und sehr realen Szenarien sind ja um einiges schrecklicher als das, was Matthäus uns schildert.

Das ist es, was Matthäus aus einem Gleichnis gemacht hat, weil er es gelebt und erlebt hat: Frohbotschaft – ja; aber nicht um den Preis mangelnden Ernstes. Oder wie es am Ende der großen Mose-Reden im Buch Deuteronomium heißt:

Tod und Leben lege ich dir vor, Segen und Fluch. Wähle das Leben . . . (Dtn 30,15–20)

DER NEUE ANFANG
MIT DER ALTEN FORTSETZUNG
(Mt 18,23–35)

Dem Gleichnis, über das wir jetzt nachdenken wollen, liegt eine sehr betrübliche Erzählung zugrunde. In seiner unsprünglichen Gestalt dürfte das Gleichnis ungefähr wie folgt gelautet haben.

Mit dem Reich Gottes verhält es sich so.

Ein König wollte mit seinen Knechten Abrechnung halten. Als er mit der Abrechnung begann, wurde einer zu ihm gebracht, der ihm zehntausend Talente schuldig war. Da er nichts hatte, womit er bezahlen konnte, befahl der König, ihn zu verkaufen samt seiner Frau und seinen Kindern und mit allem, was er besaß, und daß bezahlt werden müsse. Da fiel ihm der Knecht zu Füßen und flehte ihn an: Habe Geduld mit mir; ich will dir ja alles bezahlen. Da erbarmte sich der Herr, ließ den Knecht frei und erließ ihm die ganze Schuld.

Kaum war jener Knecht draußen, traf er einen seiner Mitknechte, der ihm hundert Denare schuldig war. Er ergriff ihn, packte ihn am Hals und sagte: Bezahle, was du schuldig bist.

Da fiel ihm der Mitknecht zu Füßen und bat ihn: Habe Geduld mit mir; ich will dir bezahlen.

Doch der wollte nicht, sondern ging hin und warf ihn ins Gefängnis, bis er alles bezahlt hätte, was er schuldig war. (Mt 18,23–30)

1 : 1 000 000

10 000 Talente ist da ein Knecht schuldig. Das ist eine Summe, die ganz einfach unvorstellbar ist. 1 Talent war zur Zeit Jesu die größte Geldeinheit. Und 10 000 war

die größte Zahl, mit der man noch rechnete. Eine größere Schuld kann es also gar nicht geben. Wie ein Knecht zu einer so großen Schuld kommt, wird nicht gesagt.

Gegenüber diesem riesigen Betrag nimmt sich die Summe, die der Mitknecht dem Knecht schuldig ist, geradezu lächerlich aus: 100 Denare. 1 Denar ist der damals übliche Tageslohn. Gewiß, für einen Knecht sind 100 Denare eine gehörige Summe. Setzen wir sie aber in Beziehung zu den 10 000 Talenten, die der Knecht seinem Herrn schuldig war, sind die 100 Denare ziemlich genau der millionste Teil. Diese Übertreibungen weisen wieder darauf hin, daß die Erzählung über sich hinausweist. In welchem Sinn, werden wir noch sehen.

Der König bzw. der Herr beabsichtigt nun das zu tun, was man in solchen Fällen zu tun pflegte: Wenn jemand nicht bezahlen konnte, wurde er gepfändet. Das heißt, man nahm ihm seinen Hausrat und verkaufte ihn, damit die Schuld bezahlt werden konnte. Im Fall unseres Schuldners genügte das natürlich keineswegs. Es war damals ferner möglich, Frau und Kinder als Sklaven zu verkaufen, auch wenn das jüdische Recht dies untersagte. Aber auch so bliebe die Begleichung der Schuld völlig illusorisch, bezahlte man doch für einen Sklaven nicht mehr als 500–2000 Denare. Das fällt kaum ins Gewicht, wenn man bedenkt, daß die Schuld 10 000 Talente, das heißt 100 Millionen Denare, beträgt.

Auch wenn der Schuldner selbst ins Gefängnis geworfen wird, wird er die Schuld nie auch nur annähernd abzahlen können. Man warf einen Schuldner ins Gefängnis, damit er Fronarbeit leiste und so die Schuld abtrage oder damit Angehörige kämen, um ihn loszukaufen. Beides wird in unserem Fall nie ausreichen.

Der Schuldner wirft sich vor dem Herrn nieder. Das ist die dringendste Form der Bitte: der Knecht sieht sich der Gnade des Herrn völlig ausgeliefert. Und er bittet um Geduld, um Langmut. Und er sagt dann noch: „Ich werde dir alles bezahlen." Wie? – würde ich gern fragen. Aber erstaunlicherweise erbarmt sich der Herr des Knechts. Er läßt ihn frei, gewährt ihm nicht nur Stundung, sondern erläßt ihm die ganze Schuld, tut also viel mehr, als der Knecht zu erbitten wagte.

Die Welt, in der wir leben

Die zweite Szene ist bekannt. Interessant ist die Feststellung, daß sie zur ersten völlig parallel verläuft. Es ist eine Schuld da; sie wird eingefordert; der Schuldner wirft sich nieder und bittet um Geduld. Nur daß jetzt etwas ganz anderes folgt: Der Knecht hat keine Geduld mit seinem Mitknecht, geschweige denn, daß er ihm die ganze Schuld erläßt; nein, er beharrt auf Bezahlung und läßt den Schuldner ins Gefängnis werfen.

Die Geschichte besteht also aus einer Vorgeschichte und einer Nachgeschichte. Die Vorgeschichte ist märchenhaft und sprengt alle Erwartungen: ein Knecht, der 10 000 Talente schuldig ist und dem der König diese 10 000 Talente einfach erläßt. Natürlich erwartet man nun von diesem Knecht, daß auch er gegenüber seinem Mitknecht so handelt, besonders nachdem dieser ihm ja nur eine vergleichsweise lächerlich kleine Summe schuldig ist. Aber die Nachgeschichte läuft nicht so. Sie nimmt überhaupt keine Rücksicht auf die Vorgeschichte. Und dadurch wird alles absurd. Eine so schön und märchenhaft begonnene Vorgeschichte erhält eine falsche, eine alte Nachgeschichte. Da stimmt etwas nicht. Und genau diese Unstimmigkeit sollte den Leser oder die Leserin hellhörig machen.

Nehmen wir die Nachgeschichte für sich allein, so ist sie das Normalste der Welt. Ich habe Schulden. Diese Schulden muß ich bezahlen. Wenn ich nicht bezahle, erhalte ich fürs erste eine Mahnung. Wenn ich noch immer nicht bezahle, bekomme ich eine zweite Mahnung, dann vielleicht eine dritte. Wenn ich noch immer nicht bezahle, wird der Beitreibungsbeamte bei mir auftauchen. Das kennen wir. Das ist das Normale, das Logische. Es ist auch das Richtige. Wohin würde es führen, wenn die Menschen ihre Schulden nicht mehr bezahlten? Die ganze Wirtschaft würde zusammenbrechen. Es ist ein Prinzip, mit dem wir alle schon konfrontiert worden sind: Schulden müssen bezahlt werden.

So ist es auch in unserer Nachgeschichte. Sie erzählt das Normalste der Welt: So ist es eben. So handelt man. Dagegen ist nichts einzuwenden. Und niemand wird es ändern wollen, weil die menschliche Gesellschaft entsprechend aufgebaut ist.

Doch mit dieser so selbstverständlichen und normalen Geschichte geschieht nun etwas sehr Seltsames: Sie dient als Nachgeschichte einer traumhaften, ja märchenhaften Vorgeschichte. Durch die ungewöhnliche Vorgeschichte wird die gewöhnliche und normale Nachgeschichte, die eigentlich das Selbstverständlichste der Welt wäre, absurd, sinnlos und unbegreiflich. Durch die Vorgeschichte wird überhaupt alles, was „normal" ist, abwegig. Was ist dann aber noch „normal"? Darüber müssen wir uns den Kopf zerbrechen.

Eine überraschend schön begonnene Geschichte hat eine falsche Fortsetzung. Eine neue Geschichte hat eine alte Fortsetzung. Das Geschenk hat keine Veränderung bewirkt.

Wahrscheinlich mußte die Nachgeschichte negativ sein. Wäre sie positiv, würden wir uns bei weitem nicht soviel Gedanken machen. Und da sehen wir wieder einen Erzählkünstler am Werk. Nehmen wir einmal an, die Geschichte verlaufe „richtig", also so, wie wir es nach der Vorgeschichte erwarten. Dann hieße es wie folgt:

Ein König wollte mit seinen Knechten Abrechnung halten. Als er mit der Abrechnung begann, wurde einer zu ihm gebracht, der ihm zehntausend Talente schuldig war. Da er nichts hatte, womit er bezahlen konnte, befahl der Herr, ihn zu verkaufen samt seiner Frau und seinen Kindern und mit allem, was er besaß, und daß bezahlt werden müsse.

Da fiel ihm der Knecht zu Füßen und flehte ihn an: Habe Geduld mit mir; ich will dir ja alles bezahlen.

Da erbarmte sich der Herr, ließ den Knecht frei und erließ ihm die ganze Schuld.

Kaum war jener Knecht draußen, traf er einen seiner Mitknechte, der ihm 100 Denare schuldig war. Er ergriff ihn, packte ihn am Hals und sagte: Bezahle, was du schuldig bist.

Da fiel ihm der Mitknecht zu Füßen und bat ihn: Habe Geduld mit mir; ich will dir bezahlen.

Da erbarmte sich der Knecht seines Mitknechts, ließ ihn frei und erließ ihm die ganze Schuld.

Ein Scherbenhaufen

So würde die Geschichte „richtig" verlaufen. Ob sie als Erzählung aber besser wäre? Es wäre wie ein Märchen, das überhaupt nicht Bezug nimmt zur Welt, in der wir leben. Wir würden kaum aufmerken. So aber, wie die Erzählung jetzt verläuft, werden wir wieder in sie hineingeholt. Denn die Nachgeschichte spricht ja von unserer Welt: Schulden müssen bezahlt werden. Am Ende der Lektüre der Erzählung stehen wir nicht vor einer neuen Welt, sondern vor einem Scherbenhaufen, weil die Vorgeschichte eine alte, normale Nachgeschichte bekommen hat.

Wir stehen nicht nur vor einem Scherbenhaufen. Wir müssen mit Erschrecken feststellen: Wenn wirklich eine so schöne Vorgeschichte vorausgegangen ist und wenn wir die Vorgeschichte wirklich ernst nehmen, dann ist die Welt, in der wir leben, nicht eine „normale", sondern eine absurde Welt.

Damit haben wir die Deutung des Gleichnisses eigentlich schon vorweggenommen. Denn zur Pointe gehört doch dies: Gerade dadurch, daß man im Alten verharrt, zeigt sich, wie sehr das Neue selbstverständlich werden sollte. Wir sahen: Das Verhalten des Königs macht das Verhalten des Knechts absurd. Das Verhalten des Königs ruft geradezu nach einem neuen Verhalten des Knechts, nach einer neuen Ordnung: der Ordnung der Barmherzigkeit. Dadurch, daß der Knecht nicht nach dieser „neuen Ordnung", sondern ganz „normal" handelt, stellt er sich außerhalb der neuen Ordnung und handelt so eben gerade nicht normal in *deren* Sinn, das heißt *ihrer* Norm entsprechend; er handelt abwegig und widersinnig, was das spontane Mißfallen des Hörers und der Hörerin hervorruft.

So ist es mit der Königsherrschaft Gottes.

Die Herrschaft Gottes schafft eine ganz neue Ordnung, und wer diese Ordnung ignoriert, sich auf diese neue Welt nicht einläßt, handelt im tiefsten widersinnig.

Eine neue Welt, eine neue Zeit

Vielleicht ist es gut, wenn wir kurz einen Blick werfen auf die damalige Zeit und ihre Art, von Gott zu reden. Wenn man damals ein Gleichnis mit den Worten einleitete: „Es war einmal ein König ...", dann wußten die Hörerinnen und Hörer: Hier wird auf eine verhüllte Art und Weise von Gott gesprochen. Und wenn jemand in einem solchen Zusammenhang von Geldschulden sprach, wußte man: Es handelt sich um die Schuld des Menschen vor Gott. Und wenn man von Knechten sprach, wußte man, daß eigentlich von den Menschen die Rede ist, weil ja Gott der Herr ist. Das ist die Bilderwelt, in der auch Jesus lebte. Setzen wir das voraus, dann läßt sich das Gleichnis so lesen: *Durch das Erbarmen Gottes, der jedem Menschen seine Schuld verzeiht, ist eine völlig neue Welt geschaffen worden, und es ist einzig sinnvoll, sich auf diese Welt einzulassen, darauf zu vertrauen, daß diese Ordnung des Erbarmens trägt.* Das Negativ-Beispiel ist der Unbarmherzige im Gleichnis; sein Verhalten im Sinn der alten Ordnung erweist sich als absurd und deplaziert.

Es ist *Jesus,* der dieses Gleichnis erzählt. Es paßt ausgezeichnet zu seiner Ankündigung vom *Gnadenjahr des Herrn* (Lk 4,19) und ist zudem ein hervorragender Kommentar zu seinem Auftreten, zu seinem Essen und Trinken mit Sündern und Zöllnern. Offensichtlich ist das Auftreten Jesu unmittelbar verknüpft mit dem Erbarmen Gottes. Jesus leitet mit seinem Reden und Tun eine neue Zeit ein, die Zeit des Erbarmens. Jesu Auftreten *ist* der Schulderlaß Gottes gegenüber den Menschen. Auch hier steht Jesus an Gottes Stelle.

Die *Hörerinnen und Hörer* werden durch die Nachgeschichte in ihrer Welt abgeholt. Sie selber müssen das Verdikt über die Nachgeschichte und so über ihre eigene Welt und ihr eigenes Leben sprechen und sich der Vorgeschichte und den neuen Möglichkeiten zuwenden. Der Hörer, der in die Erzählung eintritt, läßt seine alte Welt zurück und wird eingeladen, auf die neue Welt des Erbarmens zu vertrauen. Das negative Beispiel dazu ist ihm der unbarmherzige Knecht.

Beachten wir dabei gut, daß der Hörer nicht einfach auf das Verhalten des Knechtes festgelegt wird. Er wird vielmehr eingeladen, die Situation des Knechtes zu überwinden, um sich in die neue Situation hineinstellen zu lassen, die vom völlig ungeahnten Erbarmen Gottes bestimmt ist. Die neue Situation, von der die Vorgeschichte erzählt, sollte vom Hörer immer wieder abgeschritten werden, damit sein Verhalten nicht – vielleicht ohne daß er es bemerkt – der Absurdität und der Sinnlosigkeit verfällt.

Die Frage nach dem Glauben

Wenn man sich die Frage stellt, in welche Situation Jesus dieses Gleichnis hineingesprochen haben mag, könnte ich mir als Hörer und Gesprächspartnerinnen Zauderer vorstellen, Leute, die wohl zuhören, aber nicht bereit sind, ihren Lebensentwurf zu ändern. Leute, die von diesem Jesus wohl angetan sind, die aber das Verpflichtende, das Verändernde seiner Botschaft nicht wahrhaben wollen. Leute, die vielleicht sehr wortreich von religiösen Dingen, ja von Jesus und seiner Sache sprechen können, die aber nicht einzusehen vermögen oder auch nicht einsehen wollen, daß von diesem Jesus nicht nur zu sprechen ist, sondern daß dieser Jesus eine Welt eröffnet, die das ganze Leben trägt, wenn man nur bereit ist, sich auf sie wirklich einzulassen. Konkret könnten als Zuhörerinnen und Gesprächspartner Jesu recht verschiedene Leute in Betracht kommen, auch Leute in seinem eigenen Jüngerkreis.

Ob es diese Mentalität von damals auch *heute* gibt? Noch nie sind so viele religiöse Bücher publiziert worden wie heute. Noch nie waren die religiösen Bildungshäuser von Wißbegierigen so voll wie heute. Nie in der Kirchengeschichte fand die theologische Wissenschaft einen so breiten Anklang. Und doch muß man sich fragen: Wird dieser ganze Aufwand auch irgendwo konkret? Fällt die ganze Theologie auch irgendwann vom Kopf ins Herz und in die Hand? Ändern wir nur die Sprache, die Theologie, oder lassen wir auch zu, daß unsere Welt sich ändert? Spielt bei unserem Glauben nur der Kopf eine Rolle, oder spielen auch die Augen und die Hände und die Füße mit? Trauen wir dem Jesus von Nazaret wirklich mehr zu als nur schöne Gedanken? Trauen wir seiner Welt und seiner Zeit, die er gebracht hat?

Das Gleichnis will uns sagen: Wenn du dich auf diese neue Welt nicht einläßt, die jetzt da ist; wenn du dich auf diese neue Zeit nicht einläßt, die jetzt angebrochen ist; wenn du dich auf das Erbarmen nicht einläßt, das du selbst erfahren hast: dann stehst du neben den Schuhen, dann ist dein Leben absurd und widersinnig. Nur eben: Jesus sagt das ganz anders; er wirft den Menschen die Wahrheit nicht so direkt und brutal an den Kopf. Geradezu spielerisch lädt er sie zu einer Denkarbeit ein, anhand deren sie sich selber situieren können.

Die Frage bleibt: Trauen wir dieser neuen Welt? Glauben wir, daß das Erbarmen, das uns umfängt, auch trägt, auch zum anderen, zur anderen hin trägt? Erfährt unsere Umwelt etwas von der Amnestie, durch die wir selbst befreit worden sind?

Menschen können sich auf den Weg Gottes machen

Andererseits verbirgt das Gleichnis eine ungeheuerliche Aussage: Es ist etwas geschehen. Es ist etwas Grandioses, ja geradezu Märchenhaftes geschehen. Eine neue Zeit ist uns gegeben. Eine neue Welt ist uns geschenkt. Etwas ist da, von dem wir eigentlich nur träumen konnten. Und es *ist* da. Es wird nicht wieder zurückgenommen. Es kommt nur darum nicht zum Tragen, weil wir nicht zupacken. Wir können uns auf den Weg machen. Wir können dieses Märchen, diesen Traum auf seine Wirklichkeit hin untersuchen. Wir können seine Tragfähigkeit erproben. Und wir werden sehen, daß sich uns eine ganz neue Welt auftut. Sie sieht auf den ersten Blick zwar aus wie eine Märchenwelt, im Grunde genommen aber ist sie die einzig wirkliche Welt: Wir können über unseren Schatten springen.

Ganz unwillkürlich kommt mir in diesem Zusammenhang die Bergpredigt in den Sinn. Das, was wir von den Alten überliefert bekommen haben, ist schon recht: Du sollst nicht töten, du sollst nicht ehebrechen, Aug um Aug, Zahn um Zahn. Das ist schon recht. Das ist unsere Welt. Unsere normale Welt, die Welt in der wir leben. Aber jetzt ist eine neue Welt geworden. Eine neue Zeit ist angebrochen. Jetzt gilt das *Ich aber sage euch*: Eure Rede sei ja oder nein. Widersteht dem Bösen nicht. Liebt eure Feinde. Das ist die Wahrheit vom Menschen, wie Jesus sie kundgetan hat: daß die Menschen sich auf den Weg Gottes machen können: Seid barmherzig, wie euer Vater barmherzig ist; seid vollkommen, wie euer himmlischer Vater vollkommen ist (Mt 5,21–48). Und die „Weisungen" dieser neuen Welt, dieser Gottes-Welt, sind nicht Sätze, die man eingerahmt übers Bett hängt, sondern Verheißungen, die jetzt schon auf ihre Gültigkeit erprobt werden können, Worte, die gelebt werden wollen. Und wir können feststellen, daß eigentlich nur sie den Namen *Leben* im vollen Sinne verdienen.

Wenn das Bild zur Fratze wird

Soweit das Gleichnis, wie Jesus es gesprochen haben mag. In unserer Bibel ist aber noch eine Szene hinzugefügt. Man muß das verstehen. Es ist sehr schwer, eine Geschichte so absurd, so widersinnig zu Ende gehen zu lassen. Was der Knecht seinem Mitknecht antut, kann nicht so stehengelassen werden. Da muß noch etwas passieren. Der Herr des Gleichnisses muß doch zum Vorgefallenen Stellung nehmen. Und so haben die ersten Christinnen und Christen die Geschichte weitererzählt:

Als die anderen Mitknechte sahen, was geschehen war, wurden sie betrübt und kamen zum Herrn und erklärten ihm alles, was geschehen war.

Da rief der Herr den Knecht zu sich und sagte ihm: Du böser Knecht! Die ganze riesige Schuld habe ich dir vergeben, weil du mich angefleht hast; hättest nicht auch du Erbarmen haben müssen mit deinem Mitknecht, so wie ich mit dir Erbarmen gehabt habe?

Und voll Zorn übergab ihn der Herr den Folterknechten, bis er alles bezahlt hätte, was er schuldig war. (Mt 18,31–34)

Und weiter ist dann hinzugefügt:

So wird auch mein himmlischer Vater euch tun, wenn nicht jeder und jede von euch dem Bruder und der Schwester vergibt. (Mt 18,35)

Es ist nicht ausgeschlossen, daß dieser letzte Satz von Matthäus hinzugefügt ist. Das Vergeben spielt in seinem Evangelium in der Tat eine überragende Rolle. Um nur ein Beispiel zu nennen: Das Vaterunser, das Matthäus in der Bergpredigt überliefert, weist einen einzigen Kommentar auf. Er bezieht sich auf die Bitte *Vergib uns unsere Schuld, wie auch wir unseren Schuldnern vergeben haben* (Mt 6,12), und lautet:

Wenn ihr nämlich den Menschen ihre Verfehlungen

vergebt, wird auch euch euer himmlischer Vater verge-
ben. Wenn ihr aber den Menschen nicht vergebt, so wird
euer Vater auch eure Verfehlungen nicht vergeben.
(Mt 6,14–15)

Da dem Vaterunser nur dieser einzige Kommentar
beigegeben ist, ist man leicht versucht anzunehmen, die
Bitte um Vergebung sei die wichtigste im Vaterunser.
Und weil die Beter sich in diese Bitte miteinschließen:
Vergib uns unsere Schuld, wie auch wir unseren Schuld-
nern vergeben haben, hat man den wohl berechtigten
Eindruck, sie sei auch die schwierigste. Der himmlische
Vater wird also das Maß seines Erbarmens an uns nehmen. Er wird sich unser so erbarmen, wie wir uns unserer Mitmenschen erbarmt haben. Jetzt aber stellt sich
um so drängender die Frage: Macht der himmlische
Vater sein Erbarmen wieder rückgängig, wenn wir einander nicht gnädig sind? Fällt der himmlische Vater so
nicht selbst wieder in die alte Welt, in die alte Zeit zurück? Ist der König des Gleichnisses letzten Endes
nicht doch selbst der Unversöhnliche?

Mit Gott leben

Das sind sehr schwierige Fragen, und ich denke nicht,
daß ich darauf gültige Antworten habe. Nur auf etwas
möchte ich hinweisen. Solange wir in der alten Welt der
Unversöhnlichkeit, der Unbarmherzigkeit, des *Aug um*
Aug, Zahn um Zahn verweilen, wird unser Denken und
Trachten so verdüstert bleiben, daß alles, was wir sehen
und ahnen, eben auch nach diesem Schema verfährt.
Wenn wir selber in Erbarmungslosigkeit verharren,
wird für uns auch Gott immer die Züge des Erbar-
mungslosen tragen. Wenn wir meinen, dem Unrecht
nicht anders begegnen zu können als dadurch, daß wir
strafend und rächend eingreifen, werden wir uns auch

Gott nie anders vorstellen können denn als einen, der sich für jedes Unrecht der Menschen rächt. Ja nicht nur, daß wir ihn uns nicht anders vorstellen können: Wir werden ihn auch nie anders erfahren. Wenn wir der Sünde der Mitmenschen nie anders begegnen können als dadurch, daß wir diese Menschen verurteilen, werden wir auch Gott nie anders erfahren können denn als denjenigen, der für alle unsere Sünden seinen Urteils- und Verdammungsspruch bereithält.

Und so vermittelt uns dieses Gleichnis eine tiefe Einsicht in uns selbst und eröffnet uns ein neues Erfahrungsfeld: Gott ist für uns nicht nur ein Verehrungsobjekt. Und wir sind für Gott nicht nur Objekte seiner Güte oder seiner Strafe. Gott möchte, daß wir sein Leben mit ihm teilen. Nur als Mitlebende sind wir auch Glaubende. Und so hätten wir auch einander zu begegnen. Unsere Mitmenschen sind für uns nicht Objekte unserer Liebe, Objekte unserer Güte. Die Frage ist die, ob wir bereit sind, mit ihnen das Leben, das uns von Gott geschenkt ist, zu teilen. Wenn die Liebe nicht in dieses Leben greift, wenn die Liebe nicht bis in jenes Teilen greift, das bis an die Substanz des Menschen geht, sollen wir auch nicht von Liebe reden.

So erschreckend unser Gleichnis auch endet, im Grunde genommen spricht es von unserem Leben. Von dem Leben, das diesen Namen wirklich verdient: vom Leben mit Gott.

VON KLUGEN UND DUMMEN, WAGHALSIGEN UND FEIGEN UND VON EINEM BEISPIELHAFTEN GAUNER
(Mt 25,1–12. 14–30; Lk 16,1–8)

Es gibt Gleichnisse, über deren geschichtlichen Werdegang ich mir überhaupt nicht im klaren bin. Zwei von ihnen entstammen dem 25. Kapitel des Matthäusevangeliums. Ich will mich ihnen so stellen, wie sie im Evangelium des Matthäus zu lesen sind, werde mir aber erlauben, ein paar Fragen an sie zu stellen. Es wird sich zeigen, daß die Gleichnisse so raffiniert erzählt sind, daß meine Fragen ganz und gar danebenzielen.

In Mt 25,1–12 ist folgendes zu lesen:
Mit dem Himmelreich wird es (dann) so sein.

Zehn Brautjungfern nahmen ihre Lampen und zogen dem Bräutigam entgegen. Fünf von ihnen waren dumm und fünf klug. Denn die Dummen nahmen zwar ihre Lampen, aber kein Öl mit sich. Die Klugen dagegen nahmen mit ihren Lampen auch Öl in Krügen mit. Als nun der Bräutigam auf sich warten ließ, wurden sie alle müde und schliefen ein. Mitten in der Nacht aber hörte man plötzlich laute Rufe: Der Bräutigam kommt! Geht ihm entgegen!

Da standen die Brautjungfern alle auf und machten ihre Lampen zurecht. Die Dummen aber sagten zu den Klugen: Gebt uns von eurem Öl, sonst gehen unsere Lampen aus. Die Klugen erwiderten ihnen: Dann reicht es weder für uns noch für euch; geht doch zu den Händlern und kauft, was ihr braucht.

Während sie noch unterwegs waren, um das Öl zu kaufen, kam der Bräutigam; die Brautjungfern, die bereit waren, gingen mit ihm in den Hochzeitssaal, und die Tür wurde geschlossen.

Später kamen auch die andern Brautjungfern und riefen: Herr, Herr, mach uns auf! Er aber antwortete ihnen: Amen, ich sage euch: Ich kenne euch nicht.

Verbesserungsvorschläge

Ich könnte mir den Verlauf des Gleichnisses auch anders vorstellen und hätte – wie ich meine – manch interessante Vorschläge zu unterbreiten.

Ich finde es alles andere als freundlich, daß der Bräutigam die Brautjungfern so lange warten ließ. Er hätte ihnen durch einen Boten mitteilen können, daß er später komme. Sie wären dann mit ihrem Öl sicher vorsichtiger umgegangen, oder sie hätten noch eine Möglichkeit gefunden, sich etwas Öl zu besorgen. So hingegen waren sie ganz und gar der Laune und der Unpünktlichkeit des Bräutigams ausgeliefert.

Ich finde es auch nicht schön von den Brautjungfern, die in Krügen Öl mitgenommen hatten, daß sie es nicht mit den anderen geteilt haben. Das Teilen ist doch so wesentlich. Da macht es nichts aus, wenn man selbst dabei zu kurz kommt. Ich habe auch das zu teilen, was für mich lebenswichtig ist.

Auch die Reaktion des Bräutigams finde ich höchst unpassend. Als Bräutigam hätte ich die Brautjungfern mit dem Reserveöl zur Rechenschaft gezogen: „Warum habt ihr euer Öl mit den anderen nicht geteilt?" Gewiß hätten sie dann geantwortet: „Es hätte weder ihnen noch uns gereicht." Ich aber weiß, was ich als Bräutigam entgegnet hätte: „Ist denn das Teilen nicht viel wichtiger als das Licht selbst?" Und wenn ich schon jemanden von der Hochzeitsfeier ausgeschlossen hätte, wären es jene gewesen, die das Öl nicht geteilt haben, während ich die anderen, die verschämt ohne Öl dagestanden wären, getröstet hätte.

Der Bräutigam des Gleichnisses reagiert auf eine Weise, wie sie unchristlicher kaum sein könnte. Eine Hochzeit ist doch ein Fest der Freude und der Gemeinschaft. Niemand sollte da ausgeschlossen sein. Und wenn die fünf Brautjungfern nicht daran gedacht haben, in Krügen auch Öl mitzunehmen, ist das doch eine Lappalie, und es ist einfach unverhältnismäßig, diese Frauen vom gemeinsamen Fest auszuschließen. Dies um so mehr, als sie bitten und sagen: „Tu uns doch auf, laß uns doch mitfeiern!" Hätte der Bräutigam sie nicht mit einem Weisheitswort belehren oder auch sanft tadeln können?

Übrigens frage ich mich, was wohl die Braut zum Vorgehen des Bräutigams gesagt hat. Von ihr ist in der ganzen Erzählung überhaupt nicht die Rede!

Ich wundere mich aber auch über die ausgeschlossenen Brautjungfern. Ich würde gern lesen, daß eine die anderen eingeladen hätte und daß sie miteinander ein Fest für sich gefeiert hätten. Das Fest der Öllosen. So eine Art Gegenfest zu jener Hochzeit, bei der man hinausgeworfen wird. Oder sie hätten eine Lichterprozession veranstalten können.

Geben Sie zu, ich hätte einige ganz interessante Vorschläge, um das Gleichnis anders zu schreiben. Menschlicher und auch humorvoller. Aber hier stehen wir wieder vor der Aufgabe, das Gleichnis so zu lesen und zu verstehen, wie es dasteht. Und da steht es eben mit großem Ernst, nicht sehr menschlich und überhaupt nicht lustig.

Von Anfang an läuft alles schief

Schon mit dem ersten Auftreten jener Brautjungfern, die der Erzähler schon von vornherein etwas verächtlich als „dumm" bezeichnet, ist die Sache für sie eigentlich gelaufen: Sie nehmen nur die Lampen, aber kein Öl mit sich. Schon von hier an läuft alles schief. Und zwar hauptsächlich deswegen, weil sie nicht wissen, wann der Bräutigam kommt. Wenn sie es gewußt hätten, hätten sie entsprechend handeln können. Statt zu schlafen, hätte die eine oder die andere hingehen können, um für sich und die anderen etwas Öl aufzutreiben. Aber sie wissen ja nicht, wann der Bräutigam kommt. Ihr Fehler besteht nicht darin, daß sie eingeschlafen sind; geschlafen haben auch die Brautjungfern, die Öl bei sich hatten. Am Schlafen kann es nicht liegen. Die Unpünktlichkeit des Bräutigams ist es, die ihnen die ganze Sache verdirbt, genauer: die wenig rücksichtsvolle Sorglosigkeit des Bräutigams, der die wartenden Brautjungfern von seiner Verspätung nicht benachrichtigt hat.

Seltsam, daß die öllosen Brautjungfern schlafen können. Sie müssen doch in einer großen Spannung sein: Der Bräutigam kann jeden Augenblick kommen, und sie werden ohne Öl dastehen. Daß die anderen einnicken, wundert mich nicht. Ihnen kann ja nichts passieren; sie haben ja Öl genug mit. Nun, wer kennt sich in der Psyche von dummen Brautjungfern schon aus? Man darf aber auch nicht ausschließen, daß sie nicht damit gerechnet haben, daß der Bräutigam so hart reagieren werde. Vielleicht haben sie ihm mehr Menschlichkeit und mehr Humor zugetraut.

Aber auch dann, als der Ruf erschallt, daß der Bräutigam komme, bleibt nichts zu tun übrig. Höchstens daß die anderen Brautjungfern auf den Vorschlag eingehen und ihr Öl teilen. Das tun sie aber nicht. Und das mit einem für sie einsichtigen Grund: Wenn wir teilen, reicht es für niemanden. Besser einige haben genug, als daß alle zuwenig haben. So kann man es ja auch sehen. Und so ist es nach der Auffassung des Erzählers auch richtig.

Der Bräutigam als Richter

Ein Wort noch zum Bräutigam. Schon das eine oder andere Mal habe ich darauf hingewiesen, daß es ihm an Menschlichkeit und Humor fehlt. Vielleicht ist das bewußt so gestaltet. Besonders aufmerksam wird man bei dem Wort, das er den Brautjungfern zuruft: *Amen, ich sage euch, ich kenne euch nicht.* Das „Amen, ich sage euch" sagt in den Evangelien sonst nur Jesus. Und das „Ich kenne euch nicht" kommt sonst nur in Gerichtsszenen vor. So heißt es gegen Schluß der Bergpredigt:

Nicht jeder, der zu mir sagt: Herr, Herr, wird in das Himmelreich eingehen, sondern wer den Willen meines Vaters tut, der im Himmel ist. Viele werden an jenem Tage *zu mir sagen: Herr, Herr, haben wir nicht geweissagt in deinem Namen, in deinem Namen Dämonen ausgetrieben und in deinem Namen viele Wunder gewirkt? Dann werde ich zu ihnen sagen:* Ich habe euch nie gekannt. *Hinweg von mir, ihr Übeltäter!* (Mt 7,21–23)

Lukas bringt das Wort in einem etwas anderen Zusammenhang. Jemand fragt ihn: Herr, sind es wenige, die gerettet werden? Da sagt er:

Müht euch darum, durch die enge Pforte einzugehen! Denn viele, sage ich euch, werden hineinzukommen suchen und es nicht vermögen.

Wenn der Herr des Hauses sich erhoben und die Tür geschlossen *hat und ihr* draußen *steht und an die Tür zu klopfen beginnt und zu sagen:* Herr, mach auf!, *so wird er euch antworten und sagen:* Ich weiß nicht, woher ihr seid. *Dann werdet ihr anfangen zu sagen: Wir haben vor deinen Augen gegessen und getrunken, und auf unseren Straßen hast du uns gelehrt. Und er wird euch sagen:* Ich weiß nicht, woher ihr seid; *hinweg von mir alle, ihr Übeltäter!* (Lk 13,22–27)

Zurück zu unserem Gleichnis. Der Bräutigam ist der

Richter; vielleicht müßte man sagen: Er wird zum Richter. Diese Tatsache ist es, die dem Gleichnis einen so erschreckenden Ernst gibt. Und daß das Gericht eben schon seine Schatten vorauswirft, führt dazu, daß es im Gleichnis selbst nirgendwo ein Schlupfloch gibt, durch das ich mich retten könnte. Mit dem Ruf zur Hochzeit ist eigentlich schon alles geschehen. Es kommt nur noch darauf an, wie ernst ich diesen Ruf nehme. Dieser Ruf erschallt jetzt mit der Ankündigung des Reiches Gottes. Und wenn ich jetzt nicht aufmerksam und klug genug bin, wenn ich mit der Lampe nicht auch Öl mitnehme, gibt es kein Entrinnen mehr.

Ich denke, daß das Gleichnis in diesem drängenden Sinn zu interpretieren ist. Wenn der Ruf zur Hochzeit erschallt, wenn das Reich Gottes angekündigt ist, wenn Jesus da ist, dann gilt es, *ganz* zu sein, dann gilt es, alles in die Waagschale zu werfen. Dann gibt es keine Halbherzigkeit mehr. Das Reich Gottes verlangt den ganzen Menschen. Sein ganzes *Öl:* seine ganze Weisheit, sein ganzes Herz, alle seine Sinne.

Nichtsnutziger Diener?

In eine ähnliche Richtung weist auch das Gleichnis, das sich an dieses anschließt.

Es ist wie mit einem Mann, der auf Reisen ging: Er rief seine Diener und vertraute ihnen sein Vermögen an. Dem einen gab er fünf Talente Silbergeld, einem anderen zwei, wieder einem anderen eines, jedem nach seinen Fähigkeiten. Dann reiste er ab. Sofort begann der Diener, der fünf Talente erhalten hatte, mit ihnen zu wirtschaften, und er gewann noch fünf dazu. Ebenso gewann der, der zwei erhalten hatte, noch zwei dazu. Der aber, der das eine Talent erhalten hatte, ging und grub ein Loch in die Erde und versteckte das Geld seines Herrn.

Nach langer Zeit kehrte der Herr zurück, um von den Dienern Rechenschaft zu verlangen. Da kam der, der die fünf Talente erhalten hatte, brachte fünf weitere und sagte: Herr, fünf Talente hast du mir gegeben; sieh her, ich habe noch fünf dazugewonnen. Sein Herr sagte zu ihm: Sehr gut, du bist ein tüchtiger und treuer Diener. Du bist im Kleinen ein treuer Verwalter gewesen, ich will dir eine große Aufgabe übertragen. Komm, nimm teil an der Freude deines Herrn!

Dann kam der Diener, der zwei Talente erhalten hatte, und sagte: Herr, du hast mir zwei Talente gegeben; sieh her, ich habe noch zwei dazugewonnen. Sein Herr sagte zu ihm: Sehr gut, du bist ein tüchtiger und treuer Diener. Du bist im Kleinen ein treuer Verwalter gewesen, ich will dir eine große Aufgabe übertragen. Komm, nimm teil an der Freude deines Herrn!

Zuletzt kam auch der Diener, der das eine Talent erhalten hatte, und sagte: Herr, ich wußte, daß du ein strenger Mann bist; du erntest, wo du nicht gesät hast, du sammelst, wo du nicht ausgestreut hast; weil ich Angst hatte, habe ich dein Geld in der Erde versteckt. Hier hast du es wieder. Sein Herr antwortete ihm: Du bist ein schlechter und fauler Diener! Du hast doch gewußt, daß ich ernte, wo ich nicht gesät habe, und sammle, wo ich nicht ausgestreut habe. Hättest du mein Geld wenigstens auf die Bank gebracht, dann hätte ich es bei meiner Rückkehr mit Zinsen zurückerhalten. Darum nehmt ihm das Talent weg und gebt es dem, der die zehn Talente hat! Denn wer hat, dem wird gegeben, und er wird im Überfluß haben; wer aber nicht hat, dem wird auch noch weggenommen, was er hat. Werft den nichtsnutzigen Diener hinaus in die äußerste Finsternis! Dort wird er heulen und mit den Zähnen knirschen. (Mt 25,14–30)

Was würden Sie tun, wenn jemand Ihnen fünf Talente anvertraute? Was würden Sie tun, wenn jemand Ihnen auch nur ein Talent anvertraute? Ein Talent sind

10 000 Denare. Und ein Denar ist der Tageslohn für eine Familie. Berechnen wir nach heutiger Währung und Konjunkturlage einen Tageslohn von 100 Mark, dann macht das 100 mal 10 000 = 1 000 000 Mark. Eine Million Mark! Und eine solche Summe wird einem Knecht anvertraut, jemandem also, der wahrscheinlich überhaupt nicht gewohnt ist, mit solchen Beträgen umzugehen. Seien wir also von vornherein nachsichtig.

Aber es wird noch besser. Die sicherste Art, fremdes Geld zu verwahren, bestand (damals) darin, daß man es vergrub. Der Besitzer wird dann, wenn er wiederkommt, nicht *mehr* zurückverlangen können als das, was er gegeben hat, also eine Million Mark. Der Herr hat kein Recht auf allfällige Zinsen. Der Knecht, der am Ende unseres Gleichnisses nicht nur getadelt, sondern sogar schrecklich bestraft wird, ist eigentlich der, der einzig richtig und völlig verantwortlich gehandelt hat: Er hat das Geld vergraben. Und er kann seinem Herrn das Geld auch unbeschadet wieder zurückgeben. Zu mehr war er nicht verpflichtet. Der Knecht verdient ein Lob.

Keine Entschuldigungen

Was taten die beiden anderen Knechte? Ihnen stand mehr zur Verfügung. Der eine hatte – nach unserer obigen Berechnung – fünf Millionen Mark zu verwahren, der andere zwei Millionen Mark. Was taten sie? Sie gingen hin, arbeiteten mit dem Geld – was immer das heißen mag –, so daß sie dem Herrn bei seiner Rückkehr das Doppelte der anvertrauten Summe zurückerstatten konnten. Das ist gut. Aber ich finde, es ist auch äußerst riskant. Was, wenn etwas schiefgegangen wäre? Dem Knecht, der eine Million Mark bekommen hatte und diese Million wieder unversehrt zurückerstattet hat, sagte der Herr, er hätte es doch auf die Bank bringen können, dann hätte er auch noch den Zins bekommen. Gut, aber wie hätte der Herr wohl reagiert, wenn es während seiner Abwesenheit zu einem Bankkrach gekommen wäre und der Knecht das Geld verloren hätte? Das wäre ja auch eine Variante des Gleichnisses: Der Knecht kommt mit dem doppelten Betrag, und der Herr sagt zu ihm: „Du schlechter Knecht. Ich vertraue dir so viel Geld an, und du gehst nicht sorgfältiger damit um? Bedeutet dir denn mein Geld gar nichts?" Übrigens ist das ein Element, das im Gleichnis fehlt – nach meiner Meinung wenigstens. Es hätte auch noch ein Knecht geschildert werden sollen, der wie die beiden ersten Knechte mit dem anvertrauten Geld gearbeitet, es aber verloren hätte. Was wäre dann mit ihm geschehen? Hätte der Herr auch ihn belobigt? Wofür denn? Oder hätte der Herr ihn bestraft? Mehr bestraft als denjenigen, der das Geld vergraben hatte? Hätte er ihn denn überhaupt noch mehr bestrafen können?

Das alles wiegt noch schwerer, wenn man folgendes bedenkt. Der Knecht, der das Geld vergraben hat, scheint dem Herrn eine Erklärung schuldig zu sein, weil er ihm nur gerade die Summe zurückerstattet, die er anvertraut bekommen hat. Eigentlich wäre eine solche Erklärung gar nicht nötig, weil der Herr gar nicht das Recht hat, mehr zurückzufordern, als er anvertraut hat. Dennoch gibt der Knecht eine Erklärung. Er sagt:

Herr, ich wußte, daß du ein strenger Mann bist; du erntest, wo du nicht gesät hast, und sammelst, wo du nicht ausgestreut hast. Und ich hatte Angst . . .

Nun, ich weiß nicht, ob die anderen Knechte diesen Herrn auch so sehr gefürchtet haben. Wenn es so war, dann scheint mir ihr Verhalten um so riskanter, um nicht zu sagen: verwerflicher zu sein. Aber wenn nur dieser eine Knecht vor seinem Herrn sich gefürchtet hat, wäre das dann für den Herrn nicht eine willkommene Gelegenheit gewesen, mit seinem Knecht zu sprechen, um herauszufinden, weshalb sich dieser so fürchtete? Aber nein, das tut der Herr nicht. Er korrigiert oder tadelt den Knecht auch gar nicht wegen der geäußerten Meinung. Muß man dann nicht von der Voraussetzung ausgehen, daß er *tatsächlich* ein gestrenger und harter Mann war?

Belohnte Waghalsigkeit

Wahrscheinlich sind diese Überlegungen nur Spielereien. Aber sie sind nicht so ganz unnütz. Wir haben auch hier das Gleichnis so zu nehmen, wie es dasteht, ob es uns nun paßt oder nicht. Jener Knecht, der (für seine Zeit) am sorgfältigsten mit dem Geld umgegangen ist, wird nicht nur getadelt, er wird bestraft. Und wie! Nicht nur, daß ihm das Geld weggenommen wird (auf dieses hatte er freilich ohnehin kein Recht), er soll hinaus in die Finsternis geworfen werden, wo Heulen und Zähneknirschen ist. Offensichtlich auch hier wieder eine Gerichtsszene. Sie bringt übrigens auch für das seltsame Verhalten des Herrn eine Erklärung. Denn interessanterweise geht es dem Herrn gar nicht ums Geld. Das Risiko, das die beiden ersten eingegangen waren, belohnt der Herr dadurch, daß er ihnen große Aufgaben übertragen will und sie einlädt, an der Freude des Herrn teilzunehmen. Demjenigen, der das Geld vergraben hat, nimmt er es weg und gibt es dem, dem er am meisten anvertraut hatte. Nein, dem Herrn selbst liegt überhaupt nichts am Geld.

Bringen wir auch dieses Gleichnis in den Zusammenhang der Herrschaft Gottes, dann wird manches klarer. Mit der Herrschaft Gottes kann man nicht „normal" umgehen. Das war der Fehler des letzten Knechtes. Er ist hingegangen und hat das Normalste und das Sicherste gemacht, hat so gehandelt, wie es in solchen Situationen üblich war. Herrschaft Gottes ist eben nicht das Normale und auch nicht das Übliche; an berechenbare eigene Sicherheiten ist nicht zu denken. Die ersten beiden Knechte haben auf die einzig mögliche Art und Weise reagiert: Sie sind auf das Angebot eingegangen und haben alles riskiert – und dabei auch alles gewonnen. So verhält man sich gegenüber dem Reich Gottes. Alles andere taugt nicht.

Beachten wir auch, wie sich dieses Gleichnis mit jenem vom unbarmherzigen Knecht (Mt 18,23–35) auf eigenartige Weise berührt. So wie der Unbarmherzige wird auch der Feige nicht nur alles verlieren, er wird auch an dem engen, strengen, harten Gottesbild kleben bleiben und daran scheitern. Streng und hart ist Gott, der Richter, für die, die nichts riskieren, die nichts an Erbarmen riskieren.

Ich habe eben das Wort „feige" gebraucht. Es erinnert mich an das Wort in Offb 21,8:

Aber die Feiglinge und die Treulosen, die Gemeinen und die Mörder, die Unzüchtigen und die Zauberer, die Götzendiener und die Lügner, alle haben ihren Anteil in dem Pfuhl, der von Feuer und Schwefel brennt; das ist der zweite Tod.

Es ist wahr, in unserem Gleichnis kommen die Wörter „feige" oder „Feigling" nicht vor; der dritte Knecht wird vom Herrn als schlecht und faul bezeichnet. Aber gegenüber den beiden anderen, die so risiko- und einsatzfreudig mit dem Geld gearbeitet hatten, ist dieser dritte eben doch ein Feigling. Und Feigheit darf es gegenüber der neuen Welt nicht geben. Gegenüber der Herrschaft Gottes gibt es kein Zaudern, und wer nur auf Sicherheit setzt, wird alles verlieren. Und er wird ein verzerrtes Gottesbild haben bis zum Ende seines Lebens.

Ein unmoralischer Held

Nicht nur riskant, sondern geradezu unmoralisch war das Verhalten eines anderen Mannes. In Lk 16,1–8a lesen wir folgendes:

Er sagte zu den Jüngern:

Es war ein reicher Mann, der hatte einen Haushalter. Dieser wurde bei ihm verklagt, daß er ihm den Besitz verschleudere. Und er ließ ihn rufen und sagte zu ihm: Was höre ich da über dich? Leg Rechenschaft ab über deine Verwaltung! Denn du kannst nicht mehr mein Haushalter sein.

Da sagte der Haushalter bei sich selbst: Was soll ich tun, da mein Herr mir die Verwaltung nimmt? Graben kann ich nicht; zu betteln schäme ich mich. – Ich weiß, was ich tun will, damit sie, wenn ich von meiner Verwaltung abgesetzt bin, mich in ihre Häuser aufnehmen.

Und er ließ jeden einzelnen der Schuldner seines Herrn zu sich rufen und sagte zu dem ersten: Wieviel bist du meinem Herrn schuldig? Der antwortete: Hundert Bath Öl. Da sagte er zu ihm: Nimm hier deinen Schuldschein, setz dich schnell hin und schreib: fünfzig. Danach sagte er zu einem anderen: Du aber, wieviel bist du schuldig? Der antwortete: Hundert Kor Weizen. Er sagte zu ihm: Nimm hier deinen Schuldschein und schreibe: achtzig.

Und der Herr lobte den ungerechten Haushalter, daß er klug gehandelt habe.

„Unmoralische Helden" – so heißt der Titel eines Buches über „Anstößige Gleichnisse Jesu", das Tim Schramm und Kathrin Löwenstein herausgegeben haben. Zu diesen „unmoralischen Helden" gehört auch der Verwalter unseres Gleichnisses. Wie er vorgegangen ist, dürfte klar sein. Er ist von seinem Meister zur Rechenschaft gezogen worden, weil Unregelmäßigkeiten vorgefallen sind. Der Verwalter versucht gar nicht erst, sich zu verteidigen oder seine Unschuld zu beweisen. Zu den Anschuldigungen schweigt er. Dieses Schweigen kann durchaus als Eingeständnis der Schuld gedeutet werden. Worin auch immer seine Schuld konkret besteht, der Verwalter ist schuldig. Er ist mit dem Anvertrauten schlecht umgegangen, er hat sich an fremdem Gut bereichert, er hat Unterschlagungen begangen. Ein Gauner ist er. Aber nicht nur das. Die Ankündigung seiner Entlassung läßt ihn noch einen weiteren Betrug begehen: Er verleitet die Schuldner seines Herrn zur Urkundenfälschung, genauer: Er erläßt ihnen eigenmächtig einen Teil ihrer Schulden, läßt sie also das Geld unterschlagen, das sie gar nicht ihm, sondern dem Herrn schuldig sind. Soweit der Betrüger und sein betrügerisches Verhalten.

Der Gipfel der Unmoral besteht aber darin, daß es am Schluß des Gleichnisses heißt: *Der Herr lobte den ungerechten Verwalter, daß er klug gehandelt habe.*

Zu anstößig für zarte Gemüter

Allgemein ist man der Überzeugung, daß ursprünglich das Gleichnis bis hierher gegangen ist und daß es auf Jesus zurückgeht, gerade weil es so anstößig ist. Die ersten Christinnen und Christen hatten Mühe, dieses Gleichnis zu verstehen, hatten Schwierigkeiten zu akzeptieren, daß ein betrügerischer Verwalter vom Herrn belobigt wird. Diese Belobigung mußte irgendwie begründet werden. Darum die erste Hinzufügung in Vers 8b:

Denn die Söhne dieser Welt sind ihresgleichen gegenüber klüger als die Söhne des Lichtes.

Mit diesem Wort wird das uneingeschränkte Lob für den ungetreuen Verwalter doch ziemlich stark abgemildert und eingeschränkt: Ihresgleichen, das heißt den

Gleichgesinnten gegenüber sind die „Weltkinder" vom Schlage des Verwalters tatsächlich klüger als die Erwählten, die „Kinder des Lichts". Dadurch, daß jetzt unterschieden wird zwischen den „Söhnen dieser Welt" und den „Söhnen des Lichts" und der Verwalter, wenn auch stillschweigend, so doch deutlich genug auf die Seite der „Söhne dieser Welt" zu stehen kommt, wird das Verhalten des Verwalters nicht mehr so völlig uneingeschränkt als Beispiel hingestellt: Die „Klugheit" des Verwalters ist nur eine „Tugend" innerhalb „dieser Welt", von der man ja weiß, was man von ihr zu halten hat. Unüberhörbar werden aber die Christinnen und Christen gemahnt, sie mögen sich doch weniger als bisher von den „Weltkindern" an Klugheit übertreffen lassen; die Klugheit soll nicht eine Vorzugstugend der „Weltkinder" sein. In Vers 8b – das ist deutlich geworden – spricht also nicht mehr Jesus selbst, sondern die christliche Gemeinde.

Als nächstes wird dann der Vers 9 hinzugefügt.

Und ich sage euch: Macht euch Freunde mit dem ungerechten Mammon, damit sie, wenn er (euch) ausgeht, euch aufnehmen in die ewigen Hütten!

Als Stichwort bot sich der Ausdruck *ungerecht* an. In Vers 8a hieß es vom Verwalter, er sei ungerecht, jetzt heißt es vom Mammon, er sei ungerecht. Auch die Tatsache, daß Vers 9 anfängt mit *Und ich sage euch* weist darauf hin, daß hier etwas Neues beginnt. Aber was wird in diesem Vers gesagt? Der Verwalter wird doch wieder als Beispiel genommen, nicht für seine Klugheit, sondern einer ganz anderen Sache wegen. Der Verwalter ist mit dem Geld so umgegangen, daß er sich damit einen Platz im Himmel herrichten konnte. Normalerweise wird so etwas von jemandem gesagt, der sein Geld für Almosen einsetzt. Davon war natürlich im Gleichnis selbst überhaupt nicht die Rede. Der Verwalter hat nicht Almosen verteilt; seine Motive waren viel egoistischer. Er sagte sich, wenn er den Leuten einen Teil der Schuld erlasse (übrigens von einer Summe, die sie gar nicht ihm, sondern dem reichen Mann schuldig waren!), dann würden sie sich ihm gegenüber nach seiner Entlassung erkenntlich erweisen. Von Almosen keine Spur. Vers 9 sagt also nur: „Setzt euer Geld vernünftig ein, gebt Almosen, das wird euch zugute kommen, wenn es mit euch einmal so weit ist."

Noch einmal einen neuen Akzent setzen dann die Verse 10–12:

Wer im Kleinsten treu ist, der ist auch im Großen treu; und wer im Kleinsten ungerecht ist, der ist auch im Großen ungerecht.

Wenn ihr nun mit dem ungerechten Mammon nicht treu wart, wer wird euch das wahre Gut anvertrauen? Und wenn ihr mit dem fremden Gut nicht treu wart, wer wird euch das Eure geben?

Hier wird der Verwalter wieder zu einem abschreckenden Beispiel. Er ist im Umgang mit den geringen, mit den irdischen Dingen treulos gewesen. Wer im Kleinen nicht treu ist, wird es auch im Großen nicht sein; wenn ihr mit dem Mammon nicht umzugehen wißt, wißt ihr auch nicht mit dem wahren Gut umzugehen. Und wenn ihr mit dem fremden Gut nicht umzugehen wißt, wißt ihr auch nicht mit dem Euren umzugehen. Mit dem *wahren Gut*, mit dem *Euren* könnte das Evangelium gemeint sein oder die christliche Predigt oder das Wort der Wahrheit oder wie immer man es formulieren will. Es wären dann mit dieser Aussage diejenigen angesprochen, die in der Gemeinde für die Predigtarbeit verantwortlich waren. Die Aussage erinnert so an Ausführungen in den Pastoralbriefen, wonach zukünftige Gemeindeleiter sich zuerst in der Leitung eines Hauswesens bewähren sollen. So heißt es z. B. vom Episkopos, das heißt vom Gemeindeleiter (1 Tim 3,1–7), unter anderem: *Er muß ein guter Fami-*

lienvater sein und Kinder haben, die ihn achten und ihm gehorchen. Denn wenn jemand seine eigene Familie nicht zu leiten versteht, wie kann er dann die Sorge für die Gemeinde Gottes übernehmen? Dementsprechend wird von Timotheus und Titus erwartet, daß sie treu und zuverlässig und standhaft sind (vgl. 1 Tim 4,15–16; 6,20; 2 Tim 1,13–14; 3,14; Tit 2,7–9).

Schließlich wird es Lukas gewesen sein, der dem Ganzen noch den Vers 13 hinzugefügt hat, den wir in fast gleichem Wortlaut auch in der Bergpredigt (Mt 6,24) lesen:

Kein Knecht kann zwei Herren dienen; denn entweder wird er den einen hassen und den anderen lieben, oder er wird dem einen anhangen und den anderen verachten. Ihr könnt nicht Gott dienen und dem Mammon.

Auch dieses Wort hat mit dem ursprünglichen Gleichnis nichts mehr zu tun, denn das Gleichnis polemisiert ja überhaupt nicht gegen das Geld; vielmehr stellt es die „Klugheit" in den Mittelpunkt seiner Aussage.

An diesem Beispiel ist wieder gut zu beobachten, daß die Gemeinde Gleichnisse nicht einfach weitergibt, sondern mit ihnen zu leben versucht. Freilich kommt hier noch folgendes hinzu: Die Gemeinde wird sich an dem Unmoralischen des Gleichnisses gestoßen haben; darum auch die vielen Veränderungen, darum auch die verschiedenen Einstellungen gegenüber der positiven oder negativen Beispielhaftigkeit des Verwalters.

Die Schlinge um den Hals

Fragen wir uns jetzt aber nach dem Sinn des Gleichnisses, wie Jesus es verstanden haben könnte. Lesen wir noch einmal den Text in seinem ursprünglichen Wortlaut:

Er sagte zu den Jüngern:

Es war ein reicher Mann, der hatte einen Haushalter. Dieser wurde bei ihm verklagt, daß er ihm den Besitz verschleudere. Und er ließ ihn rufen und sagte zu ihm: Was höre ich da über dich? Leg Rechenschaft ab über deine Verwaltung! Denn du kannst nicht mehr mein Haushalter sein.

Da sagte der Haushalter bei sich selbst: Was soll ich tun, da mein Herr mir die Verwaltung nimmt? Graben kann ich nicht; zu betteln schäme ich mich. – Ich weiß, was ich tun will, damit sie, wenn ich von meiner Verwaltung abgesetzt bin, mich in ihre Häuser aufnehmen.

Und er ließ jeden einzelnen der Schuldner seines Herrn zu sich rufen und sagte zu dem ersten: Wieviel bist du meinem Herrn schuldig? Der antwortete: „Hundert Bath Öl. Da sagte er zu ihm: Nimm hier deinen Schuldschein, setz dich schnell hin und schreib: fünfzig. Danach sagte er zu einem anderen: Du aber, wieviel bist du schuldig? Der antwortete: Hundert Kor Weizen. Er sagte zu ihm: Nimm hier deinen Schuldschein und schreib: achtzig.

Und der Herr lobte den ungerechten Haushalter, daß er klug gehandelt habe.

Der letzte Vers will sicher nicht die Unmoral oder die Ungerechtigkeit des Verwalters loben. Vielmehr will gesagt sein: Dieser Verwalter war klug und wach genug, die kritische Situation zu erfassen, in der er sich dadurch befand, daß er beim Herrn denunziert worden war. Er ließ den Dingen nicht einfach ihren Lauf. Er verstand es – wenn auch in letzter Minute –, das Unheil von sich abzuwenden, ehe es über ihn hereinbrach. Gewiß, er hat skrupellos und betrügerisch gehandelt; aber darauf kommt es jetzt nicht an. Er hat – in seiner Situation – klug, entschlossen und kühn gehandelt und so den Grundstein für eine neue Existenz gelegt.

Was die Hörerinnen und Hörer des Gleichnisses

daraus lernen sollen: Die Stunde ist kritisch für euch; ihr habt die Schlinge schon um den Hals. Laßt euch etwas einfallen, damit ihr diese Situation heil übersteht; unternehmt etwas; setzt all eure Phantasie, euren Unternehmungsgeist ein, damit ihr heil aus der Misere herauskommt. Denn auch für euch steht alles auf dem Spiel. Ihr habt nicht nur einfältig zu sein wie die Tauben, sondern auch klug wie die Schlangen – oder eben wie dieser Verwalter da.

Zeit zu handeln

Das Gleichnis läßt sich vielfältig anwenden. Es veranlaßt uns zuerst einmal, unsere Situation zu bedenken und das Kritische unserer Situation zu erfassen. Auf manches könnte hier hingewiesen werden. Es ist nicht so, daß wir durch unsere Taufe oder durch unsere Heirat oder durch die Geschäftsübernahme die Dinge im Prinzip geregelt haben und daß es jetzt nur noch darum geht, alles seinen Gang gehen zu lassen. Es ist nicht so, daß wir ein für allemal den Film eingespannt haben und ihn jetzt nur noch abzuspulen brauchen. Es ist nicht so, daß in unserem Leben alles bereits gelaufen wäre.

Nein, die Zeit ist kritisch. *Für uns persönlich.* Jeden Tag sind wir von neuem herausgefordert. Jeden Tag sind wir von neuem gerufen und berufen. Jeden Tag von neuem haben wir uns etwas einfallen zu lassen. Jeden Tag werden wir zur Rechenschaft gezogen. Hüten wir uns davor, die Dinge schleifen zu lassen, ob beruflich oder in unseren persönlichen Beziehungen oder in unserem Gebet. Die Lage ist ernster, als wir meinen.

Das gilt aber auch *gesellschaftlich.* Wir müssen ja nur um uns herum schauen: auf das Sterben der Umwelt, auf die Aufrüstung, auf die zunehmende Entmündigung auch in der Kirche. Wenn wir nicht wollen, daß noch in unserer Generation unser natürlicher Lebensraum stirbt und wir mit ihm; wenn wir nicht wollen, daß die Menschen sich gegenseitig umbringen, auch im wirtschaftlichen und persönlichen Konkurrenzkampf; wenn wir nicht wollen, daß die Kirche zu einer Diktatur wird und zu einem Verein zur Bewahrung der Keuschheit entartet: dann haben wir jetzt etwas zu tun. Dann haben wir all den Toden entgegenzuwirken, die täglich auf uns und die Welt zukommen. Dann haben wir auch gemeinsam zu überlegen, wie wir überleben können. Dann haben wir jede Gewalt aus unserem Denken zu entfernen. Dann haben wir uns in unserer Gemeinschaft, in unserer Familie, in unseren Schulen, in unseren Betrieben, in unseren Kirchen einzusetzen für Mitbestimmung, für Mitspracherecht, für die Übernahme von mehr Eigenverantwortung. Macht es wie der ungetreue Verwalter! Legt nicht die Hände in den Schoß, sondern versucht anzupacken und euch und eure Welt und eure Zukunft zu retten.

EIN LOB DER UNVERSCHÄMTHEIT
(Lk 18,1–8; 11,5–8)

Erzählungen haben ihre Geschichte

Fast bei allen Gleichnissen können wir feststellen, daß sie eine mehr oder weniger lange Geschichte durchgemacht haben, bevor sie in ein biblisches Buch aufgenommen wurden. Ein Gleichnis z. B. wurde während Jahren weitererzählt, geriet dann vielleicht einmal als Notiz auf das Blatt einer Predigerin oder eines Katecheten, erhielt hier eine kleine Änderung und dort eine neue Akzentsetzung, und als es dann zum Evangelisten kam und dieser überzeugt war, daß dieses Gleichnis unbedingt in sein Evangelium hineingehöre, wird er es nicht aufgenommen haben, ohne noch einmal das Seine dazu zu tun, damit das Gleichnis gut in den Zusammenhang des Evangeliums paßte. Dieser Vorgang sollte uns nicht weiter stören; im Gegenteil. Er läßt uns ahnen, daß die Bibel nicht aus toten Buchstaben und Sätzen besteht, mit denen wir willkürlich umgehen können; wer die Bibel öffnet und darin zu lesen beginnt, bekommt es mit Leben zu tun. Die Bibelwissenschaft lehrt uns, diesem Leben auf die Spur zu kommen. Viele Erzählungen und Aussprüche der Bibel werden uns viel einsichtiger und sind auch viel spannender, wenn wir dem Leben Rechnung tragen, aus dem sie kommen und das sie vermitteln wollen.

Ein zynischer Richter und eine rabiate Witwe

Am Beginn des 18. Kapitels des Lukasevangeliums steht die Erzählung vom ungerechten Richter und der

148

unbequemen Witwe. Ob der Titel gut gewählt ist, weiß
ich nicht. Es spricht aber viel dafür, daß auch diese Erzählung zu jenen gehört, die eine längere Geschichte
durcheilt haben, bis der Evangelist Lukas sie dann das
sagen ließ, was er für die Leserinnen und Leser seines
Evangeliums als wichtig ansah. Wahrscheinlich dürfte
die ursprüngliche Erzählung so gelautet haben:

In einer Stadt lebte ein Richter, der Gott nicht fürchte-
te und sich vor keinem Menschen scheute. In dieser Stadt
lebte auch eine Witwe. Sie kam immer wieder zu dem
Richter und sagte: Schaff mir Recht gegenüber meinem
Gegner! Der Richter wollte eine Zeitlang nicht; doch
nachher sagte er bei sich selbst: Wenn ich auch Gott nicht
fürchte und mich vor keinem Menschen scheue, so will ich
doch, weil mir diese Witwe Mühe macht, ihr Recht schaf-
fen, damit sie nicht schließlich kommt und mich noch fix
und fertig macht. (Lk 18,2–5)

Eigentlich gibt es da nicht viel zu erklären. Von den
„Witwen und Waisen" weiß man, daß sie in einer pre-
kären Lage waren und daß sie immer wieder ausgenutzt
wurden. Sie hatten ja keine Lobby; sie hatten niemanden, keinen Mann, keinen Vater, der sich für sie verwendet hätte. Nicht umsonst sind die Regierenden und
die Reichen immer wieder von den Propheten gefragt
worden, wie es denn mit den Witwen und Waisen stehe.
Denn solange diese nicht zu ihrem Recht kommen,
wird es auch keine gerechte Gesellschaft geben, ja wird
es auch keinen Gottesdienst geben, der diesen Namen
verdient.

Der Richter, der in unserer Erzählung geschildert
wird, braucht nicht näher vorgestellt zu werden; von
ihm ist genug gesagt: Er kümmert sich weder um Gott
noch um die Menschen. Er übt seinen Beruf aus, um zu
Geld zu kommen. Und wie er das tut, das geht keinen
etwas an. Wenn es ums Geld geht, sind alle Mittel erlaubt.

Gewiß ist dies nicht gerade der Richter, den ich aufsuchen würde, wenn ich mit meinem Nachbarn Rechtshändel hätte. Wegen der paar lumpigen Quadratmeter Gartens, um die es geht, wird er keinen Finger rühren. Zu ihm geht man mit großen, schweren Fällen, bei denen auch für ihn etwas herausschaut. Warum die Witwe gerade ihn aufsucht, weiß ich nicht. Aber vielleicht gibt es in dieser Stadt sonst niemanden, der ihr helfen könnte. Die Aussichten sind also denkbar schlecht. Auf der einen Seite eine arme Witwe, der zugesetzt wird und die sich nicht helfen kann, auf der anderen Seite der Richter, der sich durch das Gejammer dieser Frau nicht im geringsten beeindrucken läßt. Oder doch? Die Frau setzt die Mittel ein, die sie hat: Jeden Tag kommt sie zu dem Richter und fordert ihn auf, nun endlich ihre Sache in die Hand zu nehmen. Sie tut das so eindringlich und so aufsässig, daß sich der Richter zu guter Letzt sagt: Ich bin zwar auf niemanden angewiesen und pfeife auf meinen guten Ruf, aber dieses Weib wird mir so lästig und geht mir so auf die Nerven, daß ich ihre Sache lieber erledige, bevor sie mich fix und fertig macht.

Ein Gleichnis – wofür?

Die Erzählung will wahrscheinlich ein Gleichnis sein, wobei ich aber nicht mit Bestimmtheit sagen kann, worauf es hinaus will. Ich weiß nicht einmal so recht, welches denn die Hauptfigur des Gleichnisses ist: Ist es die Witwe oder ist es der Richter? Wahrscheinlich ist es der Richter. An ihm soll gezeigt werden, wie jemand, von dem man es überhaupt nicht erwarten kann, seine Meinung ändert. Ein bißchen erinnert mich der Richter an jenen Sohn, dem der Vater sagte: *Geh und arbeite in meinem Weinberg,* und der unverfroren antwortete:

nein, sich dann aber besann und trotzdem hinging, im Unterschied zu seinem Bruder, der auf das gleiche Ansinnen des Vaters hin antwortete: *ja,* dann aber trotzdem nicht hinging (Mt 21,28–31). Nur daß wir es bei unserer Erzählung mit einem ungleich viel schwierigeren Fall zu tun haben. Nicht ein Sohn, der den Wunsch des Vaters zuerst ablehnt, sondern ein Richter, der sich weder von Gott noch von Menschen beeindrucken läßt, erst recht nicht von einer Witwe, die ohnehin kein Geld hat, um die Prozeßkosten zu bezahlen. Und doch läßt sich dieser Richter von der Witwe schließlich beeindrucken und nimmt ihre Rechtssache in die Hand, nicht weil ihm plötzlich an der Angelegenheit etwas liegt, nicht weil er den Fall als besonders interessant ansieht, erst recht nicht, weil es zu einer inneren Umkehr gekommen ist. Er hat ganz einfach Angst, die Frau werde ihm zu guter (oder schlechter) Letzt noch die Augen auskratzen.

Vielleicht wollte das Gleichnis ursprünglich sagen: Wenn selbst schon ein so abgebrühter Geselle wie dieser Richter seine Einstellung revidieren kann, dann ist das doch wohl auch euch möglich – angesichts des Reiches Gottes. Jesus hätte das Gleichnis zu Leuten sagen können, die sich nicht zutrauten, einen neuen Weg einzuschlagen. Oder die anderen nicht zutrauen konnten, daß sie sich auf einen neuen Weg machten. Wenn selbst der ungerechte Richter seine Meinung und seine Einstellung geändert hat, dann wirst du das auch können, magst du noch so abgebrüht sein.

Das Gleichnis läßt sich aber auch auf eine ganz andere Art und Weise lesen. Hinter der Gestalt des ungerechten Richters verbergen sich nicht Menschen, die eingeladen werden, ihre Einstellung zu ändern; hinter der Gestalt des ungerechten Richters verbirgt sich Gott. Vielleicht gab es Leute, die nach all den Erfahrungen, die sie gemacht hatten, nicht mehr glauben konnten, daß Gott überhaupt noch etwas an den Menschen liege, daß er überhaupt je einmal eingreifen werde. Ihnen würde dann im Gleichnis gesagt: Wenn schon dieser menschenverachtende Richter schlußendlich dazu gebracht werden kann, seines Amtes zu walten, um wieviel mehr Gott. Zweifle nicht daran: Gott wird das Ruder selbst in die Hand nehmen; er wird den Unterdrückten zum Recht verhelfen; er wird es nicht zulassen, daß die Kleinen verlorengehen.

So oder ähnlich haben jene Christinnen und Christen das Gleichnis verstanden, die die nächsten beiden Verse hinzufügten, um der Erzählung eine gewisse Eindeutigkeit zu geben. So fügt sich jetzt an die Erzählung folgende Bemerkung:

Weiter sprach der Herr: Hört, was der ungerechte Richter sagt!

Gott aber sollte seinen Auserwählten, die Tag und Nacht zu ihm rufen, ihr Recht nicht schaffen, sondern zögern?

Ich sage euch: Er wird ihnen Recht schaffen in Bälde!
(Lk 18,6–8a)

Nicht ausgeschlossen ist, daß dieses Gleichnis den Christinnen und Christen wichtig wurde, die ihres Glaubens wegen unterdrückt und verfolgt wurden und so größte Mühe hatten zu glauben, daß Gott sie befreien werde. Ihnen würde dann mit dem Gleichnis gesagt: Schaut: Der unmenschliche Richter läßt sich von der lästigen Witwe „herumkriegen", so daß er sich doch noch für sie einsetzt. Und Gott sollte sich nicht einsetzen für euch, die ihr ihm doch überhaupt nicht lästig, im Gegenteil: die ihr für ihn etwas Besonderes seid? Ihr könnt sicher sein: Gott wird euch Recht schaffen, und zwar sehr bald. – Ein wunderbar stärkendes Wort für Menschen, die verfolgt werden und sich von Gott verlassen fühlen.

Beharrlich und aufsässig

Als Lukas das Gleichnis zu Gesicht bekam, war er weniger an dem Richter interessiert als an der Witwe: Sie hat durch ihre Aufsässigkeit, durch ihre Unverschämtheit den Richter umgestimmt und zum Handeln bewegt. Lukas, der wie kein anderer Evangelist am Gebet interessiert war, wollte am Beispiel der Witwe zeigen, wie wichtig die Beharrlichkeit im Beten ist: So wie die Witwe durch ihre Beharrlichkeit den Richter zu bewegen vermochte, so dürft auch ihr nicht nachlassen im Beten und müßt immer wieder vor Gott hintreten. Darum kann Lukas das Gleichnis jetzt so einleiten:

Jesus sagte zu ihnen ein Gleichnis, um ihnen zu zeigen, daß sie allezeit beten und nicht müde werden sollten. (Lk 18,1)

Freilich stellt sich jetzt sofort eine andere Schwierigkeit ein: „Man kann doch nicht dauernd beten!" Das stimmt. Das kann man nicht. Und man soll auch nicht sagen, auch Arbeiten sei Gebet. Man soll nicht alles „beten" nennen. Wenn ich einen komplizierten Aufsatz lesen und dazu einen kritischen Bericht schreiben muß, dann ist das nicht beten. Ich soll auch nicht sagen, ich betete während des Arbeitens. Das kann und will und soll ich nicht.

Genaugenommen heißt es in unserem Text auch nicht, Jesus habe ein Gleichnis erzählt, um zu zeigen, daß man *dauernd* oder *ständig* beten und nicht müde werden solle. Das griechische Wort „pantote", das wir gern mit „allezeit" übersetzen, antwortet nicht auf die Frage „wie lange?", sondern auf die Frage „wann?". Und die Antwort auf die Frage „wann?" lautet hier nicht: „immer" oder „dauernd", sondern – genaugenommen –: „zu jedem dann". Ein kleiner Hinweis kann dies verstehen helfen.

Wenn Jesus im Johannesevangelium zum Hohenpriester Hannas sagt: „Ich habe *immer* in der Synagoge und im Tempel gelehrt, wo alle Juden zusammenkommen" (18,20), dann wollte er nicht sagen: „Ich habe dauernd, von morgens bis abends, gelehrt", sondern: „Wann immer Leute da waren und wann immer ich lehrte, geschah das in der Synagoge oder im Tempel, also in aller Öffentlichkeit."

Heute

Im Lukasevangelium erzählt also Jesus den Jüngern ein Gleichnis, um zu zeigen, daß sie allezeit, *bei jeder Gelegenheit,* beten und nie müde werden sollen. Ich denke, das hat mit Wachheit zu tun: die Gelegenheit wahrnehmen, den Augenblick wahrnehmen. Das ist für Lukas wichtig. Für die Christinnen und Christen seiner Zeit waren die Ereignisse um Jesus von Nazaret schon lange Vergangenheit; andererseits mußten sie feststellen, daß der Herr nicht, wie ursprünglich erwartet, bald schon wiederkam. Lukas hat darum sowohl die Geschichte Jesu wie auch den Jüngsten Tag, den Tag, an dem der Herr kommen soll, gewissermaßen in den Alltag hereingeholt. Auf die Frage: „Wann kommt der Herr?" hätte Lukas gern geantwortet: „Heute." Dieses *Heute* spielt im Lukasevangelium eine große Rolle:

„Heute ist euch in der Stadt Davids der Retter geboren", sagen die Engel, die die Geburt des Messias verkünden (2,11).

„Heute ist dieses Wort vor euren Ohren erfüllt worden", erklärt Jesus seinen Hörerinnen und Hörern in der Synagoge zu Nazaret (4,21).

„Heute ist diesem Haus Heil widerfahren", bekommt Zachäus zu hören, als sich Jesus von ihm einladen läßt (19,9).

„Heute wirst du mit mir im Paradiese sein", sagt Jesus zu einem der Verbrecher, die mit ihm gekreuzigt wurden (23,43).

Heute, jetzt, zu jeder Zeit, zu jedem Augenblick. Das wäre wohl auch die Antwort auf die Frage: „Wann sollen wir beten?" – Heute, jetzt, zu jeder Zeit, zu jedem Augenblick.

Und so verstehen wir, daß auch der letzte Halbvers der uns vorliegenden Erzählung (18,8b) von Lukas stammen dürfte:

Doch wird der Menschensohn, wenn er kommt, Glauben finden auf Erden?

Unser Wachsein und unser Beten haben mit Glauben zu tun. Und umgekehrt: Unser Glaube läßt uns wach sein und beten. Und unser Glaube darf durchaus etwas Lästiges, Aufsässiges, Trotziges, ja Unverschämtes an sich haben.

Bei Gott ist nichts aussichtslos

Diesen letzten Ausdruck hätte ich nicht ins Spiel zu bringen gewagt, wenn ihn nicht Lukas selbst an einem anderen Ort in seinem Evangelium, aber in einem ähnlichen Zusammenhang gebrauchen würde. Unmittelbar nachdem Jesus seine Jüngerinnen und Jünger das Vaterunser gelehrt hat, erzählte er ihnen ein Gleichnis:

Wer von euch hätte einen Freund und ginge mitten in der Nacht zu ihm, um ihm zu sagen: Freund, leih mir drei Brote, denn ein Freund von mir ist auf der Reise zu mir gekommen, und ich habe ihm nichts vorzusetzen – würde jener von drinnen antworten: Belästige mich nicht; die Tür ist jetzt geschlossen, und meine Kinder und ich sind zu Bett; ich kann nicht aufstehen und dir geben? (Lk 11,5-7)

Nein, gewiß nicht. So verhält sich ein Freund nicht.

Wenn jemand wirklich Freund ist, weist er nicht ab. Ein Freund ist ein Freund, und zu einem Freund kann ich auch mitten in der Nacht gehen. Und ich habe nicht die geringste Befürchtung, ja, ich verschwende nicht einmal den leisesten Gedanken daran, daß er mich womöglich abweisen könnte. Freund ist Freund, und Freundin ist Freundin und damit basta.

Die ganze Kraft der Frage dieses Gleichnisses hängt also am Freund-Sein. Und die ganze Wucht der Antwort liegt in der Erfahrung, daß man noch nie erlebt hat, daß man von einem wirklichen Freund zurückgewiesen worden wäre. Jesus sieht also das Verhältnis Gottes zu den Menschen im Lichte einer unverbrüchlichen Freundschaft. Einem Freund darf man etwas zumuten. Einem Freund darf man sehr viel zumuten. Ja, einem Freund darf man alles zumuten.

Lukas geht noch einen Schritt weiter. Auch wenn das Freund-Sein für sich genommen nicht mehr tragen sollte – wobei überhaupt nicht einzusehen ist, warum dies der Fall sein sollte –, gibt es da noch etwas, das ohne den geringsten Zweifel den Freund aufstehen läßt. Lesen wir, wie Lukas dem Gleichnis eine neue Wende gibt:

Ich sage euch: Wenn er auch nicht deswegen aufstehen und ihm geben würde, weil er sein Freund ist, so würde er doch wegen seiner Unverschämtheit aufstehen und ihm alles geben, was er braucht. (Lk 11,8)

Ich habe dieses Kapitel mit „Lob der Unverschämtheit" überschrieben. Es ist leicht einzusehen, daß beide Gleichnisse bei Lukas, das von der unbequemen Witwe und das vom unverschämten Freund, eine ähnliche Stoßrichtung haben. Die Frage drängt sich auf: Warum wird gerade die Unverschämtheit des Freundes und die Aufsässigkeit der Witwe als beispielhaft hervorgehoben? Aufsässigkeit und Unverschämtheit sind doch nicht Tugenden von Christenmenschen!

Zuerst einmal dies: Auch wenn alle Werte zerbrechen sollten, auch wenn Freundschaft zerbrechen sollte: die Treue Gottes wird nicht zerbrechen. Und wenn alles aussichtslos scheint, so wie nichts aussichtsloser scheint als ein korrupter Richter, der weder nach Gott noch nach den Menschen fragt: bei Gott ist nichts aussichtslos.

Das Besondere

Doch dann muß auch noch ein Weiteres bedacht werden, nämlich der Inhalt des Gebetes. Das Gleichnis vom unverschämten Freund fügt sich unmittelbar an das Gebet, das Jesus seine Jünger und Jüngerinnen lehrt, das Vaterunser. Es ist ein unverschämtes Gebet. Dein Reich komme; deine Herrschaft komme; Gott selber möge kommen und das Ruder in die Hand nehmen und die Menschen befreien. Bedenken wir doch: In einer Zeit, in der verschiedene Herren (wohl auch: Damen und Herren) meinen, das Sagen zu haben: in der Politik, in der Wirtschaft, in der Schule, auch in der Kirche; in einer Zeit, wo diese Herren immer wichtiger werden und sich immer mehr aufplustern und sich bis in unseren Alltag hinein in alles einmischen: in einer solchen Zeit haben wir die Unverschämtheit, um die Entmachtung dieser Herren zu bitten. Denn wo wir um das Kommen der Herrschaft Gottes bitten, bitten wir um die Entmachtung aller anderen Herrschaften. Für Christusgläubige nämlich gibt es keine anderen Herren außer dem einen Herrn Jesus Christus, der aber gerade nicht Herr sein will, sondern der in seiner Liebe Ohnmächtige.

Unverschämt ist unser Beten und Glauben auch insofern, als es von einem Gottesbild und Menschenbild und Gesellschaftsbild inspiriert ist, das zu den gängigen

Vorstellungen quersteht: Es preist gerade nicht den all-
mächtigen Gott, nicht den überlegenen Menschen,
nicht die durch Druck funktionierende Gesellschaft.

Wenn man nach dem Besonderen, nach dem Eigentlichen des Christseins fragt, könnte man sich doch einmal durch den Kopf gehen lassen, ob das Besondere
der wahren Christinnen und Christen nicht in ihrer Unverschämtheit besteht, in ihrem Glauben wider alle bes-
sere Einsicht, in ihrem Hoffen wider alle Hoffnung...

ICH HABE EINEN SCHATZ GEFUNDEN
(Mt 13,44–46)

Die beiden Gleichnisse vom Schatz im Acker und von der Perle leiden darunter, daß sie sehr unglücklich eingeleitet werden.

Das Himmelreich gleicht einem Schatz, der im Acker verborgen ist ... (Mt 13,44)

Man würde beim nächsten Gleichnis entsprechend erwarten:

„Das Himmelreich gleicht einer Perle ..."

Aber es heißt anders:

Das Himmelreich gleicht einem Kaufmann, der schöne Perlen suchte ... (Mt 13,45)

Schon früh hat man in der Gleichnisforschung erkannt, daß durch solche Einleitungen die Akzente der Gleichnisse verschoben werden. Der Grund liegt ganz einfach darin, daß das Reich Gottes nicht mit einem bestimmten Element der Erzählung verglichen werden soll – in unserem Fall mit dem Schatz oder mit der Perle oder mit dem Kaufmann; das Reich Gottes soll mit der ganzen Erzählung verglichen werden. Ich schlage darum ganz allgemein eine Übersetzung vor, die als Einleitung praktisch zu jedem Gleichnis paßt, und zwar so, daß die Deutung offenbleibt: *Mit dem Himmelreich ist es so.* Und dann kommt die Geschichte. Wir werden merken, daß so manches besser zu verstehen ist.

Mt 13,44 lesen wir wie folgt:

Mit dem Himmelreich ist es so.

Ein Mann fand einen im Acker verborgenen Schatz. Als er ihn gefunden hatte, deckte er ihn schnell wieder zu, ging voll Freude hin, verkaufte alles, was er hatte, und kaufte den Acker.

In Mt 13,45–46 schließt sich dieses Gleichnis an:

Mit dem Himmelreich ist es so.
Ein Kaufmann suchte schöne Perlen. Als er eine ganz
kostbare fand, ging er hin, verkaufte alles, was er besaß,
und kaufte sie.

Märchenhaft

Kommen wir zuerst zum *Schatz im Acker.* Eigentlich ist
das nichts Besonderes. Märchen sind voll von solchen
Schätzen. Aber auch in Wirklichkeit gab es sie. Gerade
im Vorderen Orient. Viele Kriege sind über diese Re-
gion hingegangen. Und wenn Gefahr lauerte, gab man
das Geld, die Münzen und Edelsteine, die man besaß,
in ein Tongefäß und vergrub es irgendwo im Garten
oder im Acker. Nun konnte es vorkommen, daß der
oder die Besitzer während oder nach den Kriegswirren
starben. Und niemand wußte etwas von dem vergrabe-
nen Gefäß mit dem Geld und den Edelsteinen.

Vielleicht sehr viele Jahre später erhält ein Tagelöhner den Auftrag, diesen Acker zu pflügen. Der Ochs
sinkt ein, und der Tagelöhner hört ein seltsames Ge-
räusch. Er schaut nach und findet ein Tongefäß. Er
öffnet es sorgfältig und findet einen Schatz. Der Tagelöhner kann den Schatz nicht einfach wegnehmen; er
gehört ihm nicht. Und auch der Acker, in dem sich der
Schatz befindet, gehört nicht ihm. Es gibt nur eine
Möglichkeit, in den Besitz des Schatzes zu kommen:
den Acker kaufen. Darum versteckt er den Schatz wieder: er soll ja Bestandteil des Ackers bleiben; zudem
kann er ihn so gut sichern (vor Dieben z.B.), und das
Geheimnis bleibt gewahrt.

Über die Rechtslage wird nicht nachgedacht. Auch
nicht über die moralische Seite. Eigentlich hätte der Tagelöhner den Fund dem Besitzer melden sollen. Auch
dieser Tagelöhner gehört zu den „unmoralischen Hel-

den". Aber wie gesagt: Darüber wird nicht nachgedacht. Man handelt einfach so.

Beim *Kaufmann* – er ist Kaufmann, nicht einfach nur Krämer – liegen die Dinge etwas anders. Er hat sich – vielleicht gar als Großkaufmann – auf Perlen spezialisiert. Er kennt den Wert der Perlen. Vielleicht ist er selbst ein Perlenhändler.

Perlen waren im Altertum sehr begehrt. Im Roten Meer, im Persischen Golf, im Indischen Ozean wurden sie von Tauchern gefischt und dann zu Schmuck, besonders zu Halsketten, verarbeitet. Der Historiker Sueton berichtet, Cäsar habe der Mutter seines späteren Mörders Brutus eine Perle im Wert von 6 Millionen Sesterzen, das sind mehr als anderthalb Millionen Mark, geschenkt. Nach Plinius dem Älteren soll Kleopatra eine Perle im Wert von 100 Millionen Sesterzen (rund 25 Millionen Mark) besessen haben.

Jedenfalls hat der Perlenkaufmann eine Perle entdeckt, deren Wert er so hoch einschätzte, daß er sofort bereit war, seine ganze Warenladung dranzugeben.

Nach diesen einfachen Erklärungen tun wir gut daran, die beiden Gleichnisse noch einmal zu lesen:

Mit dem Himmelreich ist es so.

Ein Mann fand einen im Acker verborgenen Schatz. Als er ihn gefunden hatte, deckte er ihn schnell wieder zu, ging voll Freude hin, verkaufte alles, was er hatte, und kaufte den Acker.

Mit dem Himmelreich ist es so.

Ein Kaufmann suchte schöne Perlen. Als er eine ganz kostbare fand, ging er hin, verkaufte alles, was er besaß, und kaufte sie.

In der glücklichen Lage des Finders

Wie die meisten biblischen Geschichten sollten auch diese nicht voreilig zu moralischen Zwecken verwendet werden. Man sieht normalerweise vor allen Dingen, was der Tagelöhner tun mußte: Er mußte alles verkaufen, was er besaß, um in den Besitz des Ackers und so auch des Schatzes zu kommen. Und die „Moral der Geschichte": Auch du mußt alles darangeben; auch du mußt Opfer bringen, wenn du in das Reich Gottes eingehen willst!

Ähnlich der Perlenhändler: Er mußte alles verkaufen, um in den Besitz der kostbaren Perle zu kommen. Also gib auch du alles her; bring das Opfer!

Gerade diese Gleichnisse zeigen aber sehr gut: Durch Moralisieren wird der Horizont der Hörerinnen und Hörer überhaupt nicht gesprengt. Im Gegenteil: Er verengt sich, insofern die Hörerinnen und Hörer in die Situation hineingedrängt werden, daß ihnen etwas zugemutet wird, wozu sie erfahrungsgemäß gar nicht fähig sind. Und das schafft nur Enttäuschungen, Verärgerungen und Aggressionen.

Noch einmal: Die Gleichnisse handeln im allgemeinen nicht davon, was wir tun sollen.

Unsere beiden Gleichnisse handeln von Re-Aktionen. Und beide Male ist die Re-Aktion geradezu selbstverständlich. Ganz selbstverständlich das Tun des Tagelöhners; ganz selbstverständlich die Re-Aktion des Kaufmanns. Es muß ihnen nichts befohlen werden. Keiner von ihnen muß zu einer Entscheidung genötigt werden. Wenn der Tagelöhner den Schatz findet, ist die Entscheidung eigentlich schon gefallen: Nichts wie los, alles verkaufen, um den Acker kaufen und den Schatz heben zu können. Der Tagelöhner braucht sich eigentlich gar nicht zu entscheiden. Der Fund hat ihm die Entscheidung bereits abgenommen.

Beide, Tagelöhner und Kaufmann, re-agieren ganz normal auf den Glücksfall. Sie tun nichts Besonderes, um etwas zu finden; beide werden von ihrem Fund geradezu überrascht. Beide re-agieren ganz selbstverständlich auf ihn: Sie wollen erwerben, was sie so unvermutet entdeckten. Was sie dafür tun müssen, ist im Grunde genommen nebensächlich. Hauptsache ist: sie haben einen überraschenden Fund gemacht, der ihr ganzes Leben verändern wird. Es geht nur noch darum, in seinen Besitz zu gelangen.

So ist es mit dem Reich Gottes.

Die Lebenswende

Machen wir daraus jetzt nicht eine Lehre, nicht ein Dogma. Schauen wir lieber, wie das Gleichnis funktioniert. Die Zuhörer und Zuhörerinnen werden in eine Märchenwelt versetzt. Hier regieren andere Gesetze – der Fuchs fängt an zu sprechen, der Prinz wird in einen Frosch verwandelt oder umgekehrt –, aber diese Gesetze sind bekannt, und man akzeptiert sie. In unseren Gleichnissen wird ein Schatz gefunden, der dem Leben des Tagelöhners eine ganz neue Wende gibt, oder es wird eine Perle gefunden, die das Leben des Kaufmanns völlig verändert. Die Herrschaft Gottes hat mit einer solchen Wende zu tun. Herrschaft Gottes versetzt den Menschen in eine neue Welt, in ein neues Selbstverständnis. Und die Gleichnisse künden etwas vom Verführerischen dieser neuen Welt.

Sagen die beiden Gleichnisse auch etwas über *Jesus?* Offenbar hat er mit diesem glücklichen Fund, mit dieser neuen Wende zu tun. Offenbar hat er mit diesem Schatz, mit dieser Perle zu tun. Und wenn wir fragen, wie das Gleichnis das Verhalten Jesu interpretiert, dann zeigt sich: Das Tun Jesu ist auf alle Fälle etwas Überraschendes, etwas, was den Menschen in die Situation des glücklichen Finders bringt.

Wenn du auf mich als Künder der Gottesherrschaft eingehst, findest du einen Schatz, eine Perle, die dein ganzes Leben verändert.

Du mußt also nicht den Schatz oder die Perle suchen. Du findest. Genauer: Du hast schon gefunden. Der Hörer, die Hörerin soll durch den Fund dazu verführt werden, alles daranzugeben, um in den Besitz des Fundes zu kommen. Ich könnte mir gut vorstellen, daß auch Jesus solche überraschende „Fund-Erfahrungen" gemacht hat, wenn ich z. B. an seine Begegnungen denke: mit Johannes dem Täufer oder dem Aussätzigen (Mk 1,40–45) oder mit der Syrophönizierin (Mk 7,24–30) oder mit der blutflüssigen Frau (Mk 5,25–34) oder mit dem reichen Mann (Mk 10,17–22) usw. Es wäre gewiß interessant, im Neuen Testament noch mehr solcher „Stellen des Findens" herauszusuchen.

Kann man in etwa feststellen, in welche *Situation* hinein Jesus diese Gleichnisse gesprochen hat? Was die Menschen um ihn herum für Sorgen und Schwierigkeiten, für Erwartungen oder Mühen hatten?

Wahrscheinlich waren es Menschen, die Mühe hatten, aus ihrer Gewöhnlichkeit herauszukommen. Menschen vielleicht, die das Überraschende der Gottesherrschaft nicht oder nicht mehr zu sehen vermochten. Menschen vielleicht, denen die Gottesherrschaft gewöhnlich geworden war, die sich daran gewöhnt hatten, daß eben „nichts" passierte. Leute vielleicht auch, die nur das Fordernde der Gottesherrschaft sahen und sich darum nicht entscheiden konnten.

Es ist nicht auszuschließen, daß Jesus diese Gleichnisse seinen *Jüngerinnen und Jüngern* erzählen mußte, bei denen sich Ermüdungserscheinungen eingestellt hatten, die sich ablenken ließen von allem Möglichen und Gefahr liefen, den Kopf zu verlieren. Leute, denen gesagt werden mußte: Was schaut ihr denn so trostlos in die Welt? Was schaut ihr euch um nach diesem und jenem? Merkt ihr denn nicht, daß ihr das große Los gezogen habt? Und das ist es doch, worauf es ankommt!

Die Zeit der Perle

Gibt es solche Sorgen, Schwierigkeiten, Erwartungen oder Mühen auch *heute*? Ermüdungserscheinungen? Abnutzungen? Ängste? Sie zeigen sich dann, wenn man anfängt, sich abzusichern, wenn man nach diesem oder jenem Umschau hält, weil man der „Sache" nicht mehr so recht traut oder weil sie zu gewöhnlich geworden ist.

Dann mögen die Leute nicht mehr hören, daß man ihnen sagt: Du solltest und du müßtest, oder hättest du doch, oder das kommt davon, daß du ... Jesus macht es anders. Er lädt die Leute ein, sich in der Lage des Gewinners des großen Loses neu zu verstehen.

Hier zeigt sich wieder einmal deutlich, wie verschieden die Verkündigung Jesu von der unseren ist. Wie schnell sind wir dabei mit einem „Du solltest", oder „Man sollte"! Wie schnell sind wir mit Vorwürfen zur Hand! Und wie wir es verstehen, Ratschläge zu erteilen! Das gelingt uns viel besser als zuzuhören. Dabei steht fest, daß nichts so billig zu haben ist, aber auch nichts so wenig fruchtet wie Ratschläge.

Jesus sagt – und er sagt es nicht nur; er gibt es zu verstehen, er gibt es zu erfahren –: Du hast das große Los gewonnen; du kannst dich neu verstehen; du bist überhaupt nicht gewöhnlich.

Die beiden Gleichnisse könnten noch lange und noch viel tiefer ausgelotet werden; auch mit ihnen läßt sich leben. So wie die Apostel es erfuhren, die im Auftreten Jesu, ja in Jesus selbst die Zeit des Findens erkannten, die Zeit des Schatzes, die Zeit der Perle und damit die Zeit der Wende im eigenen Leben und im Leben der Menschen miteinander.

Der Schatz, die Perle – das kann der Beruf sein, das kann die Berufung sein, das kann die Gemeinschaft sein, der ich angehöre; denn durch die Liebe Gottes ist mir mein Beruf, ist mir meine Berufung, ist mir meine Gemeinschaft zum Schatz geworden, den ich gefunden habe und den es eigentlich nur noch zu heben gilt.

„Es ist, was es ist"

Und so könnte man noch lange fortfahren, und nicht alles, was die Phantasie durchspielt, ist auch schon zu meiden. Oft verlieren wir die Perle aus den Augen und sehen nur noch die Last, den Hausrat zu verkaufen. Oder aber die Perle ist zwar gekauft, aber jetzt liegt sie einfach da. Sie ist uns im Wege. Sie stört. Wir legen sie aufs Bücherregal oder in eine Schachtel. Sie kommt auf den Dachboden. Sie verstaubt. Sie gerät in Vergessenheit.

Seien wir auf der Hut. Nicht alles, was glänzt, ist dann auch schon der Schatz oder die Perle; und noch so viele Perlen wiegen die eine Perle nicht auf. Und noch so viele Schätze wiegen den einen Schatz nicht auf. Ich denke, es sollte bei diesen Gleichnissen vor allem darum gehen, das Verführerische der Zeit, der durch Jesus neu geschenkten Zeit, sichtbar zu machen. Nicht durch ein „Du mußt" und „Du sollst", sondern von der Sache selber her: Wir sind die glücklichen Finder; wir dürfen einander beglückwünschen ...

Nur, im Zusammenhang, in dem Matthäus das Gleichnis überliefert, würde er hinzufügen: Ihr habt den Schatz gefunden; sorgt jetzt auch dafür, daß ihr ihn hebt! Ihr habt die Perle gefunden, schaut, daß ihr in ihren Besitz kommt!

Und hie und da wird es tatsächlich gut sein, wenn wir einander auf das Wertvolle des Schatzes aufmerksam machen. Hie und da wird es gut sein, daß wir einander auf den Glanz der Perle hinweisen. Hie und da wird es gut sein, daß wir einander helfen, den Schatz und die Perle (wieder) liebzugewinnen.

Dann sollen wir aber auch nicht erschrecken, wenn es uns, da wir unseren Fund gewissermaßen neu entdecken, überkommt und wir Dinge unternehmen, die andere und vielleicht gar uns selbst überraschen. Denn die Liebe – sie darf ja ab und zu auch in älteren Tagen im Kleid der Verliebtheit und der Verrücktheit daherkommen; sie braucht nicht für alles eine Erklärung zu geben. „Es ist, was es ist", sagt die Liebe, auch wenn noch so wichtige andere Erklärungen bereitstehen, Erklärungen, die alles in Frage stellen und dann doch nichts gelten lassen. Oder um es mit einem Gedicht von Erich Fried zu sagen:

Es ist Unsinn
sagt die Vernunft
Es ist was es ist
sagt die Liebe

Es ist Unglück
sagt die Berechnung
Es ist nichts als Schmerz
sagt die Angst
Es ist aussichtslos
sagt die Einsicht
Es ist was es ist
sagt die Liebe

Es ist lächerlich
sagt der Stolz

Es ist leichtsinnig
sagt die Vorsicht
Es ist unmöglich
sagt die Erfahrung
Es ist was es ist
sagt die Liebe

Vielleicht ist hier der Ort, den Leser und die Leserin
zu dem Schatz zu beglückwünschen, den sie gefunden
haben.